WILDNISMÄDCHEN

QUER DURCH NORWEGEN ZU MIR SELBST

Bücher haben feste Preise.
1. Auflage 2019

Maria Grøntjernet
Wildnismädchen

Der Titel des norwegischen Originals lautet »Villmarksjenta«.
Copyright © Pantagruel Forlag, Oslo, 2013

Copyright © für die deutsche Ausgabe Neue Erde GmbH 2019
Alle Rechte vorbehalten.

Übersetzt aus dem Norwegischen von Daniela Stilzebach.

Die Übersetzung und die Produktion dieses Buches wurden durch
NORLA finanziell gefördert. Wir danken!

Umschlag:
Fotos: Maria Grøntjernet
Gestaltung: Dragon Design GB

Texte und Fotos: Maria Grøntjernet
Layout: Anna Larsson Design
Umbruch: Dragon Design GB
Lektorat: Andreas Lentz

Gesamtherstellung: Appel & Klinger, Schneckenlohe
Printed in Germany

ISBN 978-3-89060-755-9

Neue Erde GmbH
Cecilienstr. 29 – 66111 Saarbrücken
Deutschland – Planet Erde
www.neue-erde.de

WILDNISMÄDCHEN
QUER DURCH NORWEGEN ZU MIR SELBST

MARIA GRØNTJERNET

AUS DEM NORWEGISCHEN
VON DANIELA STILZEBACH

Dovrefjell.

INHALT

9	VORWORT	40	TAG 11 EIN TRÄNENREICHER TAG
11	EINLEITUNG – EIN GROSSER TRAUM	43	VERLETZUNGEN
13	TAG 1 AUF GEHT'S!	47	TAG 12 ALLEIN IM GEBIRGE
15	TAG 2 AUF DEM ROGEN: VOLLE FAHRT VORAUS	51	TAG 13 EIN KAMPF GEGEN DEN KÖRPER
17	LAGERFEUER	56	DIE HÜTTEN DES WANDERVEREINS
19	TAG 3 MITTSOMMER UND ANGLERGLÜCK	58	TAG 14 SCHNEE!
21	TAG 4 ADRENALINKICK	62	TAG 15 BARFÜSSIGER RUHETAG
23	GEBRAUCH VON GAS- UND CAMPINGKOCHER	64	TAG 16 IM REICH DER TIERE
25	TAG 5 STECHENDE HUBSCHRAUBER UND LEBERPASTETE	69	TAG 17 TOTAK AUF TOUR
27	TAG 6 VERHEERENDER GEGENWIND	70	DER HUND ALS TOURKAMERAD
28	DIE ERSTEN TOUREN	72	TAG 18 LEBENDE FELSSTEINE
31	TAG 7 ÜBER DEN FEMUND	75	TAG 19 GUTE LAUNE BEI MISTWETTER
32	TAG 8 VEGAS ERSTE SCHWIMMEINLAGE	78	TAG 20 VON WINTER ZU SOMMER AN EINEM TAG
34	KINDER AUF TOUR	85	AUSRÜSTUNGSLISTEN
37	TAG 9 AUF RUTSCHIGEN STEINEN	89	TAG 21 ENDLICH IM GRØVUDALEN
39	TAG 10 BALD ALLEINE	92	TAG 22 DURCH SCHNEE UND ÜBER FLÜSSE

94	TAG 23 LUXUS IN DER AURSJØHYTTA	162	TAG 37 EIN WAHRER ALBTRAUM
97	REZEPTE	165	TAG 38 RØMMEGRØT UND VOLKSMUSIK
108	TAG 24 AB IN DIE DUNKELHEIT	166	SAMMELN
112	TAG 25 DEN KOPF VOLLER GEDANKEN	167	TAG 39 ENDLICH EIN LEBENSMITTELGESCHÄFT!
115	TAG 26 EKLIGES KLEINES UNGEZIEFER	168	TAG 40 DER KÖRPER BRAUCHT RUHE
122	TAG 27 STEAK MIT SAUCE BÉARNAISE	172	TAG 41 BAD IM MEER
124	GENERELLE TOURTIPPS	173	TAG 42 RUHEMODUS
129	TAG 28 AUF ZUR GIPFELTOUR	174	TAG 43 PAPA!
130	TAG 29 WIR SUCHEN DECKUNG IN DER VELTDALSHYTTA	178	TAG 44 MAKRELEN IM NORDWIND
137	TAG 30 KOPFÜBER INS HULDERKOPPEN	183	GEFRIERGETROCKNETE TREKKINGNAHRUNG
140	DAS LADEN ELEKTRONISCHER AUSRÜSTUNG	184	TAG 45 EIN BREITES LÄCHELN
141	TAG 31 EIN ÜBLER TAG BEI MISTWETTER AUF SCHLECHTEM UNTERGRUND	187	TAG 46 MEINE ERSTE BEGEGNUNG MIT STADLANDET
142	TAG 32 PLANÄNDERUNG	189	TAG 47 ZELTPLATZ AM STRAND
145	TAG 33 LEBENSGEFÄHRLICHER ASPHALT	190	TAG 48 EINE GROSSE ÜBERRASCHUNG!
148	LANGE TOUREN	194	TAG 49 DAS FÜNFBLÄTTRIGE KLEEBLATT
150	TAG 34 ABENTEUER UNTERM STORSETERFOSSEN	199	TAG 50 FREUDENSCHREI AM VESTKAPP!
156	TAG 35 DER IDYLLISCHE FJORD	204	FÜR MARIA
159	TAG 36 TRAUMLAGER IN DEN SUNNMØRSALPENE	205	NACHWORT
		206	MARIAS AUSRÜSTUNG

Aussicht über den Eikedalsvatnet.

VORWORT

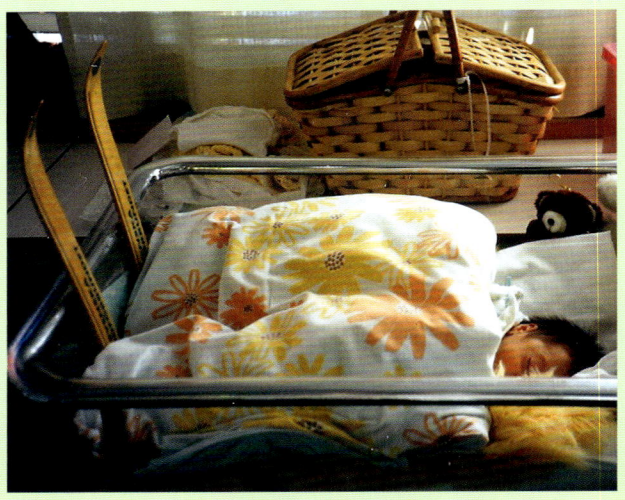

Fast kam ich schon mit Skiern an den Füßen auf die Welt. Mein Großvater mütterlicherseits stellte zwei breite Holzskier zu mir ins Babybettchen im Krankenhaus, als er mich zum ersten Mal sah. »Blässhuhn« war eines der ersten Worte, die ich sprechen konnte, und wenn meine Oma mich im Kinderwagen spazieren fuhr, haben die Vögel am Seeufer immer meine Aufmerksamkeit erregt. Pilzesuchen und Beerenpflücken habe ich zugleich mit dem Laufen gelernt, und so kam es mitunter vor, dass mich meine Großmütter im Heidekraut wiederfanden: Blaubeersaft im ganzen Gesicht. Mein Papa und mein Opa haben mich zu unzähligen Ruderausflügen auf den Waldsee in Øståsen mitgenommen, und schon bald ruderte ich alleine auf dem See herum, die Angelschnur hinter mir herziehend. Von unserem Wochenendhaus in Valdres aus ging es mit meinen Eltern immer zu Wanderungen ins Gebirge, und in jeden Bach oder Fluss, an dem wir vorbeigekommen sind, habe ich Steine geworfen. Mit meinen beiden kleinen Schwestern bekam ich später auch zwei Spielkameraden, mit denen ich draußen im Wald Spaß haben konnte. Wir bauten Hütten und Unterstände, Staudämme und Badekuhlen, Feuerstellen und Aussichtstürme. Axt und Säge kamen dabei häufig zum Einsatz, meistens ohne Mama und Papa vorher um Erlaubnis zu fragen. Ich nutzte jede Gelegenheit, um hinaus in den Wald und hoch auf die Bäume zu kommen.

Meine Kindheit war von vielerlei Outdoor-Aktivitäten und kleinen Ausflügen geprägt, lange Touren mit Übernachtung waren jedoch selten. Später kam dann die Zeit, da dachte ich: Draußen schlafen, das musst du mal ausprobieren! Zusammen mit der Nachbarstochter ging es in den Wald. Wir hatten keine Ahnung, was man bei einer Übernachtungstour eigentlich dabeihaben sollte. Wir nahmen Kuscheltiere, Bettdecken und schwere Wasserkanister mit, die wir in einem Karren über den holprigen Waldweg zogen. Bis wir endlich die ganze, unserer Ansicht nach erforderliche Ausrüstung an Ort und Stelle hatten, bedurfte es meist mehrerer Fuhren. Der Zeltaufbau erwies sich anfangs natürlich als ziemlich hoffnungslos, ging aber von Mal zu Mal leichter. Oft lag ich im Rauch des Lagerfeuers und pustete aus Leibeskräften, um das durchnässte Birkenholz zum Brennen zu bewegen, bis ich eines Tages begriff, dass Birkenholz schwer ist, wenn es feucht ist. Auch wenn die Kenntnisse über das Leben draußen anfangs wirklich nicht der Rede wert waren: Auf Tour ging es mir immer großartig. Das Wichtigste war der Spaß dabei.

Mit dreizehn übernachtete ich im Sommer erstmals alleine im Wald. Das war ein spannendes und schönes Erlebnis. Auch wenn es etwas unheimlich war, als ich mich am Abend hinlegte, gelang es mir, die Furcht zu überwinden. Ich hatte für mich beschlossen, dass ich es schaffen würde, auch wenn ich mich früher nicht einmal getraut hatte, bei Freundinnen zu übernachten.

Am Tag darauf erwachte ich mit dem herrlichen Gefühl, es geschafft zu haben. Ich hatte es geschafft!

Nach vielen Jahren in Wald und Flur habe ich mir durch eigene Erfahrungen viel Wissen angeeignet. Ich habe gelernt, wie man ein Lagerfeuer errichtet, was man im Rucksack dabeihaben muss und wie man schnell ein Zelt aufbaut. Ich habe gelernt, wie man unterwegs Axt, Messer und andere Werkzeuge gebraucht. Gleichzeitig hat mir die Natur viel über mich selbst, über andere und über mein Umfeld beigebracht. Auf jeder Tour lerne ich etwas Neues. Neues zu bewältigen, macht viel von der Freude aus, sich draußen in der Natur zu bewegen.

Nach und nach wurden meine Touren länger, anspruchsvoller und abwechslungsreicher. Am wichtigsten ist aber immer noch das einfache Leben in der freien Natur. Noch immer kann ich stundenlang daliegen und dem Gezwitscher der Vögel lauschen, die Augen schließen und lächeln, wenn mir der Regen über das Gesicht läuft, oder mich wegträumen, wenn ich zu den Sternen hinaufschaue, die sich über den schwarzen Nachthimmel ausbreiten. Die kleinen Dinge machen ebenso Freude wie die großen, so war es von Anfang an. Die Freude, auf Tour zu sein, wird mit jedem Mal größer, wenn ich den Rucksack schultere und in unsere schöne, freigiebige Natur hinein von dannen ziehe. Auch wenn manche Touren sehr anstrengend waren, sind es die schönen Momente, die in Erinnerung bleiben und mich dazu bringen, mich wieder auf den Weg zu machen. Die Stille, die Freude und das Gefühl, etwas zu schaffen, machen das Leben in der freien Natur zu etwas Einzigartigem. Da draußen kann ich meinen Gedanken freien Lauf lassen und den Augenblick genießen. Es sind dieses Gefühl von Freiheit und die damit verbundenen einzigartigen Erlebnisse: Ihretwegen möchte ich das Leben in der freien Natur niemals missen.

MARIA

FÜNFZIG TAGE WERDEN WIR BEIDE VON NUN AN DURCH EINIGE DER SCHÖNSTEN GEBIRGSREGIONEN NORWEGENS WANDERN.

EINLEITUNG

EIN GROSSER TRAUM

Ich habe diese Tour ein ganzes Jahr lang geplant, und jetzt sind es nur noch wenige Stunden, bis der Startschuss zur bisher größten Herausforderung meines Lebens fällt. Dieses Mal will ich mich an etwas versuchen, das mir mehr abverlangt als die üblichen kleinen Touren. Ich werde zu einem Abenteuer aufbrechen, von dem ich glaube, dass es fantastisch wird: quer durch ganz Norwegen.

Die Wanderung beginnt an der schwedischen Grenze in der Femundsmarka und soll mich an die Küste führen, zum Vestkapp. Im Rucksack habe ich eine Kamera, einen Notizblock und eine Angel. Etappenweise wird mich meine Familie begleiten; die einzige Gefährtin, die auf der ganzen Tour dabei ist, ist jedoch die Alaskan Malamute-Hündin Vega. Fünfzig Tage werden wir beide von nun an durch einige der schönsten Gebirgsregionen Norwegens wandern.

Die Freude, die ich in der Natur finde, ist unvergleichlich. Draußen in der freien Natur zu sein, gibt mir eine Ruhe, die ich nirgendwo sonst finde. Auf dieser Expedition werde ich tun und lassen können, was ich will und wann ich es will. Um dieses Erlebnis voll auskosten zu können, muss ich einen Rhythmus finden, bei dem ich den Alltag zu Hause vergesse und nur auf das Hier und Jetzt ausgerichtet bin. Ich werde mir genügend Zeit nehmen. Unterwegs zu sein bedeutet nicht nur, sich auf das Ziel zuzubewegen, sondern die Zeit unterwegs und die Natur zu genießen. Ich habe mehrere Ruhetage eingeplant. Ich kann mir also Zeit nehmen, die Gegend zu erkunden und auch das gewisse Extra genießen, das eine solche Wanderung erst rund macht. Insgesamt werde ich 650 Kilometer zurücklegen. Das dauert seine Zeit, und so lange von meiner Familie getrennt zu sein, wird vermutlich zu meiner größten Herausforderung. Das soll mich jedoch nicht davon abhalten, meinen Traum zu verwirklichen. Einen Traum zu leben, ist oft eine Herausforderung, aber es ist immer möglich, ihn zu verwirklichen, solange man die Unterstützung und die Liebe der Menschen in seinem Umfeld, einen starken Willen und den Glauben daran hat, dass man es schafft.

Jetzt kann die Tour *einmal durch Norwegen* endlich beginnen!

EINEN TRAUM ZU LEBEN, IST OFT EINE HERAUSFORDERUNG, ABER ES IST IMMER MÖGLICH, IHN ZU VERWIRKLICHEN, SOLANGE MAN DIE UNTERSTÜTZUNG UND DIE LIEBE DER MENSCHEN IN SEINEM UMFELD, EINEN STARKEN WILLEN UND DEN GLAUBEN DARAN HAT, DASS MAN ES SCHAFFT.

21. JUNI TAG 1

AUF GEHT'S!

Nach einer langen Autofahrt von Hadeland ist der Käringsjön endlich in Sicht. Die Tour *quer durch Norwegen* beginnt in den Tiefen der schwedischen Wälder. Nachdem wir Kilometer um Kilometer durch alten Kiefernwald gefahren sind, liegt der Binnensee jetzt direkt vor uns und badet im Sonnenlicht. Als ich die Autotür öffne und mir der wohlbekannte Geruch von Natur entgegenströmt, strahle ich über das ganze Gesicht. Vor ein paar Stunden saß ich noch in der Schule und habe davon geträumt, und jetzt bin ich endlich hier.

Wir mieten ein zusätzliches Kanu und plaudern mit dem Ehepaar, das hier oben einen Hütten- und Kanuverleih betreibt. Anfangs werden wir viel paddeln. Mama und Anna, meine starke kleine Skilauf-Schwester, werden am ersten Tag dabei sein, während Papa mich durch die gesamte Femundsmarka begleitet. Alleine im Kanu den Røavassdraget hinunterzufahren, kam nicht infrage. Da wäre die Chance auf unfreiwillige Schwimmeinlagen noch größer, als sie so schon ist.

Der Gedanke, dass das Ziel mehr als 650 Kilometer entfernt liegt, erscheint mir vollkommen unwirklich. Die Anspannung lässt den ganzen Körper beben: Darauf freue ich mich schon so lange! Die Kanus gleiten ins Wasser. Am Ufer reihen sich Krüppelkiefern, die Vögel gleiten mit leichten Flügelschlägen dahin, und Bäche bahnen sich ihren Weg durch grün gekleidete Sumpfgebiete. Alles ist so schön, und es überrascht mich, dass kaum Menschen zu sehen sind. Um uns herum schnellen die Fische vorwitzig in die Höhe; sie an den Haken zu locken, gelingt uns jedoch nicht.

Wir paddeln an diesem ersten Tag nicht so weit. Am Ziel angelangt, geht die Sonne gerade unter. Anna und ich nehmen ein Abendbad, bevor wir ins Zelt kriechen. Es wird eine Weile dauern, bis wir wieder nebeneinander schlafen.

Vega hat sich hereingeschlichen und es sich im Vorzelt bequem gemacht. Sie schlummert bereits. Von nun an wird mein Sommer einzig und allein vom einfachen Wanderleben geprägt sein, und das macht mich glücklich. Ich fühle mich frei wie ein Vogel, und es kribbelt im Magen, wenn ich an all das Unbekannte denke, das vor mir liegt.

VON NUN AN WIRD MEIN SOMMER EINZIG UND ALLEIN VOM EINFACHEN WANDERLEBEN GEPRÄGT SEIN, UND DAS MACHT MICH GLÜCKLICH.

EIN TEIL VON MIR IST ÄNGSTLICH UND UNSICHER, UND DAS WILL ICH VERSUCHEN, IM LAUFE DIESER WOCHEN AUF DER WANDERUNG ZU ÄNDERN.

22. JUNI TAG 2

AUF DEM ROGEN: VOLLE FAHRT VORAUS

Früher Morgen in der Femundsmarka. Der Lagerplatz liegt an einem idyllischen kleinen See nördlich des Rogen. Wir sind inmitten der schwedischen Wildnis, kaum ein Mensch ist zu sehen. Einige aber schon. Eine Weile nachdem Mama und Anna von dannen gepaddelt sind, kommt Trond Strømdahl vorbei, der norwegische Lehrer, der 1989/90 zusammen mit Lars Monsen von Grense-Jakobselv nach Halden gewandert ist.

Die Sonne scheint und das Wasser glitzert. Das ist schön, trotzdem kullern die Tränen, als Mama und Anna sich ins Kanu setzen. Es werden viele Tage vergehen, bis ich sie wiedersehe. Als das Kanu sich entfernt, bekomme ich einen Kloß im Hals. Tief im Inneren weiß ich, dass ich das hier will; ich muss nur den ganzen Körper dazu bringen, es zu begreifen. Ein kleiner Teil von mir ist nämlich ängstlich und unsicher, und das will ich in dieser Zeit auf Tour ändern. Das Wichtigste ist, den Blick auf das Positive zu richten. Es sind die kleinen Alltagsfreuden, die mich von hier zur Mündung des Fjords führen werden.

Papa und ich packen zusammen und setzen uns ins Kanu. Vega hat den Chefposten ganz vorn eingenommen und scheint sich wohlzufühlen. Sie ist verschmust wie immer und nutzt jede Gelegenheit, ein wenig Aufmerksamkeit zu ergattern. Es ist nicht leicht, mit einem riesengroßen Fellknäuel auf dem Schoß zu paddeln, aber sie wird schon noch lernen, stillzusitzen. Ich habe wirklich Glück, dass unser Nachbar mir Vega anvertraut hat. Ohne so eine treue, vierbeinige Gefährtin hätte ich mich nie auf eine so lange Tour begeben.

Das Kanu gleitet sanft durchs Wasser. Wir sind in einem fantastischen Paddel-Eldorado mit idyllischen kleinen Seen überall. Es ist, als würde man den Weg durch ein Labyrinth suchen, und wir müssen uns genau an die Karte halten, um uns nicht zu verfahren.

Dann ist Schluss. Bald steht die Überquerung der norwegischen Grenze an, und wir müssen das Kanu und die Ausrüstung hinunter zum Rogen tragen. Der Rucksack scheint viel zu schwer, und wir müssen durch Gebüsch und dichtes Gestrüpp hindurch. Ich bin etwa zehn Meter gelaufen, als meine Beine in einem großen Wasserloch verschwinden. Es ist bestimmt einen Meter tief, und ich falle nach hinten, direkt in einen großen Busch. Wild fuchtele ich mit Armen und Beinen und spüre, wie das Wasser in Schuhe, Strümpfe und Hose dringt. Mit Schrammen an den Armen kämpfe ich mich nach oben. Die erste Bruchlandung der Tour, und wie ich mich kenne, wird es kaum die letzte sein.

Endlich kommen wir am Rogen an, das Glück ist jedoch von kurzer Dauer. Wir sind auf der falschen Seite des Flusses. Denselben Weg wieder nach oben zu gehen, kommt nicht infrage, daher entscheiden wir uns, die Flussmündung dort zu überqueren, wo bis hinüber zur anderen Seite Steine liegen. Ich fasse einen Stein ins Auge und springe. Doch da verhakt sich der Rucksack an einem Ast. Mit den Füßen auf dem anvisierten Landeplatz und dem Kopf an Land liege ich da und fuchtele hilflos mit den Armen. Der Rucksack ist so schwer, dass ich nicht wieder auf die Beine komme. Ich klemme fest, und das mitten im Fluss! Da kommt Papa mit einem

‹ *Erster Abend an den kleinen Seen nördlich des Rogen.*

DAS WAR KNAPP. ZITTERND KLETTERN WIR AUS DEM KANU.

schicksalsergebenen Blick. Er nimmt meine Hand und zieht mich hoch. Von einem tiefen Schnitt im Finger rinnt Blut. Der Erste-Hilfe-Kasten kommt also schon zum Einsatz. Papa reinigt und verbindet die Wunde, während ich die Mücken verscheuche. Mit ein paar Herausforderungen muss man rechnen. Die sorgen vermutlich dafür, dass ich die Tage zu schätzen weiß, an denen alles schmerzfrei vonstatten geht.

Der launische Binnensee Rogen wartet auf uns. Das Wetter hier ist dafür bekannt, schnell umzuschlagen. Wir bereiten uns auf die letzte Etappe des Tages vor. Sobald wird auf den See hinauskommen, hat der Rogen das Sagen. Der Wind bläst uns direkt entgegen, das Paddeln macht Mühe. Wir müssen viel Kraft aufwenden, um voranzukommen.

Unvermittelt kehrt sich der Gegenwind in Rückenwind um, und wir wechseln von Schneckentempo in null Komma nichts auf Vollgas. Wir werden immer schneller. Der Wind nimmt an Stärke zu, und das Kanu gleitet über die schäumenden Wellen. Wir bremsen ab, so gut wir können, und versuchen, nicht die Gewalt über das leichte Kanu zu verlieren. Laut GPS sind wir mit 12 km/h unterwegs! Wir nähern uns dem geliebten Norwegen mit erschreckend hohem Tempo. Jetzt gilt es, voll und ganz bei der Sache zu sein. Auf keinen Fall dürfen wir die Kontrolle verlieren, eine kleine Unaufmerksamkeit reicht aus. Am Ufer liegen riesige Felsblöcke, als würden sie nur darauf warten, uns zu packen. Das Wasser spritzt in alle Richtungen, wenn eine neue Welle auf die Steine trifft, und das Kanu wird immer näher an sie herangetragen. Wir mühen uns, Abstand zu den Felsen zu wahren. Jetzt geht es nur noch um eine Landzunge. Wir paddeln wie verrückt. Dann haben wir es geschafft. Das war knapp. Zitternd klettern wir aus dem Kanu. Genau das war zu befürchten: Mit dem Rogen ist nicht zu spaßen.

Ich mag es, das Adrenalin im Körper zu spüren, aber nur solange ich die Kontrolle habe. Die hatten wir heute auf dem Rogen nicht. Ich liebe Herausforderungen, die Sicherheit steht jedoch immer an erster Stelle. Vor Gewässern muss man großen Respekt haben. Später wollen wir bis auf den Femund paddeln, da müssen wir unterwegs mehrere Stromschnellen überwinden. Wird es zu riskant, müssen wir das Kanu tragen. Auch wenn mir noch mehrere Flussüberquerungen bevorstehen, scheint mir das Wandern auf der Straße das größere Risiko zu sein, weshalb ich versuche, Straßen weitgehend zu meiden. Es ist wichtig, die richtigen Entscheidungen zu treffen. Doch solange ich klar ausgerichtet bleibe und zweimal nachdenke, glaube ich, dass mit einer solchen Wanderung kein größeres Risiko verbunden ist als mit normalen Sommerferien.

An der Mündung des Reva haben wir unser Lager aufgeschlagen. Das Zelt steht zehn Meter von der norwegischen Grenze entfernt. Morgen früh sagen wir Schweden Lebewohl, und erst dann beginnt es wirklich: *Quer durch Norwegen*.

LAGERFEUER

Das Feuer ist der natürliche Mittelpunkt des Lagerplatzes und eine der Freuden, wenn man in der Natur unterwegs ist. Wegen der Waldbrandgefahr ist das Entzünden von Lagerfeuern zwischen dem 15. April und dem 15. September generell verboten. Es ist immer von Vorteil, Wasser in der Nähe zu haben, um das Feuer zu löschen, bevor man wieder aufbricht. Leg das Lagerfeuer nicht zu groß an, vor allem nicht auf kahlem Boden. Ein Ring aus Steinen um die Feuerstelle verringert das Risiko, dass die Flammen sich ausbreiten. Es gibt einige zugelassene Feuerstellen, die ganzjährig genutzt werden dürfen.

ANLEITUNG FÜR LAGERFEUER

- Wähle einen Platz mit ausreichend Brennholz in der Nähe. Totholz und Zweige sind in der Regel das beste Brennholz, besonders gut brennt das Holz von Nadelbäumen. Schweres Holz ist häufig feuchtes Holz, eine Ausnahme ist Kienholz. Sorge für einen guten Haufen Brennholz, bevor du das Feuer aufbaust. Das Brennholz sollte zudem von unterschiedlicher Größe sein.
- Wenn der Boden feucht ist, beginne den Aufbau damit, einige Äststücke auf den Boden zu legen. Anschließend schichtest du das Holz auf (wie auf dem Foto zu sehen ist).
- Lege oben drauf Birkenrinde, Späne, trockene Zweige, dünne Brennholzstreifen oder anderes leicht brennbares Material. Vermeide andere Rindenarten und Moos, die ziehen Wasser an und sind oft feucht.
- Achte auf ausreichende Luftzufuhr, damit die Flammen nicht ersticken, und zünde das Ganze von unten her an. Lege regelmäßig nach und erhöhe die Menge an brennbarem Material, sobald sich am Boden ein Glutnest gebildet hat.
- Es empfiehlt sich, zwei etwa fünfzig Zentimeter lange, dicke Äste an das Lagerfeuer heranzulegen und immer nachzuschieben. Dann muss man nicht ständig Brennholz nachlegen, und das Lagerfeuer brennt bis weit in die Nacht hinein.
- Oft kann es am nächsten Morgen durch Pusten wieder in Gang gebracht werden. Der Einsatz dicker Stöcke ist vor allem im Winter von Vorteil, wenn man größere Lagerfeuer benötigt, um Wärme zu erzeugen.
- Lege feuchtes Brennholz um das Lagerfeuer herum, damit es trocknet, bevor es auf das Feuer gelegt wird.

LAGERFEUER AUF SCHNEE

Liegt Schnee, sollte die Feuerstelle bis auf den Boden hinunter freigelegt werden. Es ist auch möglich, auf Schnee ein Lagerfeuer zu entfachen, dazu braucht man unter dem Lagerfeuer aber eine solide Unterlage aus dicken Stöcken. Lege gern zwei bis drei Schichten. Bei der ersten Schicht müssen die Stöcke dicht nebeneinandergelegt werden. Lege dann eine neue Schicht darauf, mit den Stöcken in entgegengesetzter Richtung und etwas Zwischenraum, damit das Lagerfeuer auch von unten her Luft bekommt. Lege darauf eine letzte Schicht, erneut mit etwas Abstand zwischen den Stöcken. Schätze ab, ob weitere Schichten erforderlich

sind; darauf kannst du das Lagerfeuer gemäß der vorangehenden Anleitung aufbauen.

Diese Schichtvariante kann auch genutzt werden, wenn man die Stelle bis zum Boden freigelegt hat. Dabei ist es mitunter sinnvoll, kleinere Stöcke zu nehmen und größere Zwischenräume zu lassen. Dann brennt das Feuer schrittweise nach unten durch, und man hat ein langbrennendes Lagerfeuer.

FEUER IM GEBIRGE

Im Gebirge Brennholz zu finden, ist nicht immer leicht. Am besten sammelt man Brennholz schon, wenn man sich noch in einem Gebiet mit Bäumen und Büschen befindet. Im Gebirge sollte man Gewässer, Bäche oder Sümpfe aufzusuchen. Dort gibt es meist mehr Vegetation, und oft findet man Weidendickicht, dessen trockene Zweige sehr gut brennen. Ein kleines Lagerfeuer spart Brennholz.

23. JUNI TAG 3

MITTSOMMER UND ANGLERGLÜCK

Am nächsten Morgen beschließt Papa, sein Angelglück zu versuchen. Als ich die Ausrüstung durchgehe, kommt er angelaufen. Mit zittriger Stimme erzählt er: Ein meterlanger Hecht hat mit einem einzigen Biss den leichten Spinner vom Haken geschluckt. Er hatte kurz innegehalten, bevor er sein Krokodilsmaul über der dünnen Angelschnur geschlossen und sich verabschiedet hatte. Der Anspannung in seiner Stimme nach zu urteilen, war das Papas bisher größtes Angelerlebnis. Einen solchen Baumstamm von einem Hecht vergisst man nicht so schnell.

Wir packen zusammen und sagen Schweden Lebewohl. Das Wasser bahnt sich seinen Weg durch den Wald. Die Umgebung ist so prächtig, dass sie uns vollständig in ihren Bann zieht. Mit jedem Paddelschlag wächst die Freude am Unterwegssein, und sie wird nicht geringer, als ich die erste Äsche meines Lebens aus dem Wasser ziehe. Wenig später liegen auch zwei Barsche im Kanu. Endlich Angelglück! Wir würden gern weiterfahren, aber es weht ein frischer Wind. Die Wellen werden immer höher, und wir entscheiden uns, an Land zu gehen, solange wir noch einigermaßen trocken sind.

Wir landen an einer Stelle, die an einen Strand im Süden erinnert. Wir finden einen idyllischen Lagerplatz – mit Feuerstelle, Rentierflechte und Kienholz. Ein perfekter Ort, um Mittsommer zu feiern! Es sind drei hungrige Paddler, die unter einer Kiefer Platz nehmen. Den Fisch teilen wir gerecht unter uns auf. Ich hätte heute gern die Fliegenrute ausprobiert, der Wind machte mir es als Amateurin jedoch unmöglich.

Es wird ein ruhiger Mittsommerabend am prasselnden Feuer, bevor wir ins Zelt kriechen, um Kräfte für den neuen Tag zu tanken.

‹ *In der Femundsmarka gibt es viele von Moos bedeckte Lagerplätze. Die Femundsmarka ist ein Paddelparadies, hier am Revsjøen.*

DAS LEBEN HIER IN DER FEMUNDSMARKA IST GUT.

ICH FREUE MICH, ALS PAPA SAGT, DASS ES SEINER ANSICHT NACH SICHERER IST, QUER DURCH NORWEGEN ZU WANDERN ALS IN DEN FERIEN IN DEN STRASSEN VON OSLO HERUMZUHÄNGEN.

24. JUNI TAG 4

ADRENALINKICK

Schweren Herzens verlassen wir den Revsjøen. Wir tragen Kanu und Ausrüstung zum Styggsjøan und machen einen Gang durch die Umgebung. Vielleicht finden wir die berüchtigte Styggsjøkoia, die in den 1970ern von Iver Gullikstad und Leif Skjevdal errichtet wurde. Wir sind nicht lange unterwegs, als unser Blick auf einen originellen Unterschlupf unter einer alten Kiefer fällt. Aber wir sind nicht die einzigen. Vor der Holzhütte packt gerade ein redseliger Deutscher seine Sachen zusammen. Er erzählt, dass er seit einer Woche in der Femundsmarka unterwegs ist. Als wir fragen, ob etwas angebissen hat, behauptet er, nicht so auf Fisch zu stehen. Seine Reiseverpflegung bestünde aus Multivitaminen und Müsli, worüber ich grinsen muss. Als er von meiner Tour hört, fragt er Papa, ob es nicht unverantwortlich sei, mich allein zum Vestkapp wandern zu lassen. Ich freue mich, als Papa sagt, dass es seiner Ansicht nach sicherer ist, quer durch Norwegen zu wandern, als in den Ferien in den Straßen von Oslo herumzuhängen. Nicht hundertprozentig überzeugt, verabschiedet sich der Deutsche, und wir begeben uns zurück zum Kanu.

Während wir Richtung Røavassdraget paddeln, schlägt das Wetter plötzlich um, und es fängt an, in Strömen zu regnen. Das Wasser rinnt über Rücken und Beine, von Kopf bis Fuß klitschnass, paddeln wir an Land und suchen Schutz unter einer großen Krüppelkiefer. In null Komma nichts haben wir das Knäckebrot mit Schokoaufstrich verzehrt. In diesen ersten Tagen hatten wir viel gutes Essen, aber der Vorrat ist bereits beträchtlich geschrumpft.

Es klart auf, wir paddeln weiter. Und dann hören wir es. Endlich. Das Geräusch vom Fluss Røa, der durch den Wald tost. Wegen der späten Schneeschmelze im Frühjahr ist der Wasserstand hoch. Jetzt ist Schluss mit den lässigen Tagen auf harmlosen Gewässern, das aufregende Wildwasserpaddeln steht bevor. Für mich ist es das erste Mal. Die Stromschnelle hinunter zum Litlrundhåen ist eine der ersten, die passiert werden muss. Es ist lange her, dass Papa auf einem Fluss gefahren ist, und ich selbst habe keine Ahnung vom Wildwasserpaddeln. Deshalb gehen wir kein Risiko ein, sondern laden alles aus dem Kanu aus, auch Vega. Ich stelle eine Kamera am Flussufer auf und befestige eine zweite an der Schwimmweste. »Jetzt gibt es kein Zurück«, sagt Papa, als wir uns aufs Wasser begeben. Das Wasser wirbelt um uns herum, das Tempo ist gewaltig, und ich schreie vor Angst und Wonne. Es dauert nur Sekunden, bis wir unten sind – und zu unserer großen Freude noch immer im Kanu sitzen.

Ich nehme ein Bad. Das Wasser ist kalt, aber nicht eiskalt, und es ist ein höchst freiwilliges Bad. Bei Papa ist das anders. Er wollte sich nur die Hände waschen, landet jedoch mit voller Montur im Wasser. Ich muss noch immer über den komischen Anblick lachen, als ich vor dem Lagerfeuer sitze und mit Vega kuschle. Papas klitschnasse Sachen trocknen über dem Feuer. Ich starre in die Flammen und spüre im Körper noch immer das Adrenalin von der heutigen Wildwasserfahrt. Wir haben schon lange kein Netz mehr, und ich hoffe, zu Hause machen sie sich keine Sorgen, weil sie nichts von uns hören.

‹ *Idylle auf dem Styggsjøan.*

*Styggsjøkoia,
ein schöner Unterschlupf.*

GEBRAUCH VON GAS- UND CAMPINGKOCHER

FEUERN MIT GAS

Gas eignet sich im Sommer besonders gut zum Feuern. Es macht keinen Dreck, es ist kein Vorwärmen nötig und es brennt vollkommen sauber. Zudem ist Gas leicht zu regulieren und daher einfach im Gebrauch. Dennoch ist der kleine Gaskocher nicht ganz ungefährlich, weshalb es wichtig ist, einige Regeln zu beachten.

DAS GILT BESONDERS BEIM EINSATZ DES GASKOCHERS IM ZELT

- Lerne den richtigen Umgang mit dem Apparat, bevor du auf Tour gehst.
- Halte stets ein Messer parat, um notfalls eine Öffnung in das Zelt schneiden zu können.
- Lass das Gas niemals lange ausströmen, bevor du die Streichhölzer zur Hand hast. Warte, bis alles bereit liegt, bevor du das Gas aufdrehst.
- Behalte den Kocher, wenn er sich im Zelt befindet, stets im Auge. Schlafe nicht bei brennendem Kocher!
- Gas verbraucht Sauerstoff, belüfte das Zelt gut, wenn der Apparat in Gebrauch ist. Bei zu geringer Luftzufuhr kann Kohlenmonoxid entstehen, ein geruchsfreies, aber äußerst giftiges Gas.
- Das Austreten von Gas kommt selten vor, sollte es aber geschehen, während man schläft, kann das sehr gefährlich sein. Drehe die Gaskartusche deshalb immer zu, bevor du dich schlafen legst. Lege die Gaskartusche leicht zugänglich direkt vor das Außenzelt. Dann ist sie am nächsten Morgen griffbereit.
- Im Winter, wenn es kalt ist, sollte der Einsatz von Gas vermieden werden. Da brennt es schlecht oder überhaupt nicht. Verwende in der kalten Jahreszeit daher einen anderen Brennstoff.

NUTZUNG EINES CAMPING-KOCHERS MIT BENZIN

Im Winter wird meist Benzin verwendet. Es funktioniert in der Kälte gut und ist effektiv. Von Nachteil ist, dass schnell etwas danebengehen kann, was mitunter gefährlich ist, weil es hochexplosiv ist. Das Feuern mit Benzin erfordert zudem ein Vorheizen.

DER EINSATZ IM ZELT MUSS MIT GRÖSSTER VORSICHT ERFOLGEN

- Lerne den richtigen Gebrauch des Campingkochers, bevor du auf Tour gehst, vor allem das Vorheizen sollte geübt werden.
- Packe, für den Fall eines Lecks, das Benzin nie mit Lebensmitteln zusammen; der Verzehr von mit Benzin verunreinigtem Essen ist sehr gefährlich.
- Befülle die Kartusche nur bis zur Markierung.
- Muss die Kartusche gewechselt oder Brennstoff eingefüllt werden, dann mach das vor dem Zelt. Sorge dafür, dass die Flamme immer ganz gelöscht ist, bevor die Kartusche zugedreht wird.
- Sofern das Wetter es zulässt, sollte das Vorheizen außerhalb des Zeltes erfolgen.
- Verwende eine Platte, auf die du den Campingkocher stellst. Das verhindert das Einsinken in den Schnee, eventuelle Verunreinigungen landen auf der Platte.
- Halte stets ein Messer parat, um notfalls eine Öffnung in das Zelt schneiden zu können.
- Halte den Campingkocher stets unter Aufsicht, schlaf nicht bei eingeschaltetem Campingkocher!
- Beim Feuern wird Sauerstoff verbraucht; lüfte deshalb das Zelt gut, solange der Apparat in Gebrauch ist. Bei zu geringer Luftzufuhr kann Kohlenmonoxid entstehen.

25. JUNI TAG 5

STECHENDE HUBSCHRAUBER UND LEBERPASTETE

Ich glaube, Wildwasserpaddeln ist für keinen von uns dreien etwas. Die Angst vor dem Kentern hat das Adrenalin und die Wonne von gestern verdrängt. Unter der Wasseroberfläche birgt der Fluss enorme Kräfte, und man weiß nie, wie es hinter der nächsten Biegung weitergeht. Unbändige Kräfte bemächtigen sich des Kanus, und das Paddeln erfordert höchste Aufmerksamkeit. Viele der Stromschnellen sind so gewaltig, dass wir das Kanu und die Ausrüstung den Flusslauf hinuntertragen anstatt zu paddeln. Meine Arme sind gefühlt mehrere Zentimeter länger geworden. Wir lassen uns nieder, um etwas zu essen, allerdings sind hier so viele Mücken, dass wir uns beeilen, weiterzukommen.

Trotz der Anstrengung ist die Stimmung gut. Ich bin zufrieden mit der bisher zurückgelegten Distanz, trotzdem spüre ich Zeitdruck. Bis zum Vestkapp ist es weit, und ich muss dort ankommen, bevor die Schule wieder losgeht. Sorge bereiten mir auch die Essensvorräte. Wir angeln zwar viel, aber es will nicht recht gelingen. Der Fisch ist wenig kooperativ.

Auf einer Landzunge zwischen Øvre und Nedre Roasten schlagen wir unser Lager auf. Der Wind bläst wie wild, die hohen Kiefern tanzen und die Wellen schlagen ans Ufer. Wegen ausgebliebenen Angelglücks wird das Abendessen zu einer ekligen Angelegenheit: über dem Lagerfeuer aufgewärmte Leberpastete, dazu Nudeln ohne Geschmack und Dosenfleisch, das an Katzenfutter erinnert. Wenn ich heute daran denke, wird mir schlecht.

Die ganze Zeit schwirren die Mücken um uns herum. Die nervigen Blutsauger lassen sich überall nieder, und ihr Summen ist eine unablässige Hintergrundmusik. Sie sind wie kleine Hubschrauber. Meine Stirn gleicht einem verbeulten Panzer, und die von Papa sieht nicht viel besser aus. Klar, dass die Femundsmarka für Mücken bekannt ist. Auch Vega hat eine Menge Mückenstiche abbekommen, aber das scheint sie glücklicherweise nicht sonderlich zu plagen.

Am Abend stelle ich fest, dass die Videokamera nicht mehr da ist. Das ist typisch. Ich bin so unordentlich. Ich glaube, die Kamera ist irgendwo in der Nähe unseres Lagers. Um jetzt danach zu suchen, ist es allerdings viel zu dunkel. Für gewöhnlich lege ich mich nicht so gern schlafen, aber heute Abend freue ich mich. Ich bin müde und mir ist übel von der Leberpastete, und zu meinem Leidwesen ist auch noch die Schokolade alle.

‹ *Lager zwischen Øvre und Nedre Roasten.*
Das Kanu bietet Schutz vor dem Wind.

ICH KANN KAUM
AUFHÖREN ZU LÄCHELN.

26. JUNI TAG 6

VERHEERENDER GEGENWIND

Nachts im Zelt. Ich wache oft auf. Der Wind zerrt am Zelt, als würde jemand daran rütteln. Gegen Morgen nimmt der Wind noch zu. Beim Blick nach draußen sehen wir hohe Wellen mit weißen Schaumkronen auf dem Roasten. Mit dem Kanu zu fahren, kommt nicht in Frage. Um nicht hier festzusitzen, müssen wir das Kanu den ganzen See entlang tragen.

Als wir zusammenpacken, fällt mir die Videokamera wieder ein. Sie ist nirgends zu finden. Krisenstimmung macht sich breit. Die Kamera habe ich nur geliehen, und auf der Speicherkarte ist bereits wertvolles Material. Wir sind gezwungen zurückzugehen, um nach der Kamera zu suchen.

Wir nehmen denselben Weg, den wir gestern gekommen sind, und nach zwei, drei Stunden sind wir an dem von Mücken wimmelnden Platz, wo wir gestern Rast gemacht haben. Wir hatten es so eilig, wegzukommen, dass ich die Kamera vergessen habe. Ich muss wirklich lernen, Ordnung in meinen Sachen zu halten, sonst komme ich mit leeren Händen zum Vestkapp. Wie durcheinander kann man sein? Aber ich habe Glück, und das brauche ich auch. Richtig Glück: Trotz der häufigen Wetterwechsel in der Femundsmarka ist die Kamera noch heil, und ich kann sie weiter nutzen.

Der halbe Tag ist für die Suche draufgegangen, und bevor wir uns endlich in die richtige Richtung in Bewegung setzen können, müssen wir noch ein Loch im Kanu reparieren. Mit dem Rucksack auf dem Rücken und dem Kanu in den Händen geht es langsam voran.

Trotz der Verspätung nehmen wir uns Zeit für eine Pause an einem versteckten kleinen See. Das Wasser glitzert, ich werfe einen leichten Spinner aus, kurbele ein wenig und zucke zusammen, als ich einen Ruck verspüre. Lauthals verkünde ich, dass einer angebissen hat, ziehe einen schönen Barsch aus dem Wasser und grinse über beide Ohren. Ich werfe die Angel erneut aus, mehrfach. Immer mehr Fische landen am Ufer, und zehn Minuten später liegen acht schöne Barsche im Heidekraut. Was für ein Glück! Ich habe wieder Kraft geschöpft und freue mich schon auf das Abendessen.

Viele Stunden später hat die Dämmerung sich über den Wald gelegt. Mein Körper ist vollkommen ausgelaugt, und ich muss mich weiterkämpfen, Schritt für Schritt. Es ist nach Mitternacht, als sich der mächtige Femundsee endlich vor uns erstreckt. Morgen werden wir zur anderen Seite hinüberpaddeln, nur sind die Wellen auf dem See erschreckend hoch. Als ich dort stehe, läuft es mir eiskalt den Rücken hinunter.

In der Røosbua finden wir Unterschlupf für die Nacht. Zwischen alten Holzwänden krieche ich ins Bett. Draußen wütet der Wind. Mit dieser Lösung bin ich mehr als zufrieden. Das Zelt war heute wenig verlockend. Wir haben ein Dach über dem Kopf und Feuer im Ofen, und ich bin zu müde, um mich um Mäusedreck und Spinnen zu kümmern. Heute hatten wir im wahrsten Sinne des Wortes Gegenwind, aber es ist gut, dass die Dinge nicht immer glatt laufen. Dass wir heute überhaupt bis zum Femund gekommen sind, ist ein Erfolg.

Ich entschließe mich, jeden Tag das Positive zu sehen: Heute waren es das Angelglück, das Wiederfinden der Kamera und der schöne Sonnenuntergang. Wir haben unglaubliches Glück, das erleben zu dürfen. Ich kann kaum aufhören zu lächeln.

IN GANG KOMMEN

Zu Hause zu sitzen und zu sagen, dass man sich vorstellen könnte, auf Tour zu gehen, bringt nicht viel. Man muss tatsächlich etwas tun! Vielen, die wenig oder gar keine Erfahrung mit dem Outdoor-Leben haben, fällt es schwer, in Gang zu kommen, weil sie nicht wissen, wie sie es angehen sollen. Hier sind einige Tipps:

Gebrauchte Ausrüstung leihen oder kaufen!

Für das Outdoor-Leben braucht man die richtige Ausrüstung. Neue Sachen in guter Qualität sind sehr teuer, weshalb es sich für den Anfang empfiehlt, Dinge auszuleihen. Für kleines Geld kann man auch gebrauchte Ausrüstung kaufen; einen Großteil meiner ersten Tour-Ausrüstung bekam ich in einem Second-Hand-Laden fast umsonst. Mein Schwarzkessel ist auch von dort, und ich nutze ihn viel.

Die wichtigste Ausrüstung zuerst besorgen!

Die nötige Ausrüstung, um draußen zu übernachten, besteht aus einem Schlafsack, einer Unterlage und einem Rucksack. Das Zelt kann durch eine Plane oder Ähnliches ersetzt werden, bei schönem Wetter kann man direkt unter freiem Himmel schlafen. In warme, wasserdichte Sachen und ordentliches Schuhwerk sollte man zuerst investieren

Mit Tagestouren beginnen!

Bevor man zu einer Übernachtungstour aufbricht, sollte man sich erst ein wenig an das Wandern gewöhnen, wozu Tagestouren gut geeignet sind, deren Intensität nach und nach gesteigert werden kann.

Einen Hund mitnehmen!

Hast du selbst keinen Hund, kannst du vielleicht den deines Nachbarn ausleihen. Ein Hund bietet unterwegs nicht nur Gesellschaft, sondern auch Sicherheit. Ich bin super gern mit einem Vierbeiner unterwegs, da kommt keine Langeweile auf!

Mit Freunden oder der Familie losziehen!

Begibt man sich zu mehreren auf Tour, fällt es leichter, loszugehen. Bei den ersten Übernachtungstouren ist es toll, Freunde oder Angehörige dabeizuhaben. Ich bin anfangs mit meinen Freundinnen losgezogen; erst einige Jahre später habe ich mich getraut, alleine aufzubrechen.

Das Internet nutzen!

Für Outdoor-Interessierte gibt es im Internet viele tolle Seiten. Eine, die ich selbst viel nutze, ist *fjellforum.no*. Dort kann man Erfahrungen austauschen, Tourberichte lesen, bekommt gute Tipps und kommt in Kontakt mit anderen Wanderfreunden. Diese Seite ist allerdings auf Norwegisch; einen Einstieg auf Deutsch bietet *deutsch.dnt.no*

Mit dem Wanderverein auf Tour!

Ein guter Anfang ist es, sich beim Norwegischen Wanderverein (DNT) anzumelden. Dieser bietet organisierte und geführte Touren an. Auf einer solchen Wanderung lernt man viel und macht zudem die Bekanntschaft anderer wanderfreudiger Menschen. Auch in vielen anderen Ländern gibt es solche Wandervereine.

Die Erfahrung kommt nach und nach!

Mach dir keine Gedanken darüber, dass du nicht über ausreichend Erfahrung verfügst. Die kommt schrittweise, und auf jeder Tour lernt man etwas dazu. Das Wichtigste ist, an sich selbst zu glauben und Spaß zu haben. Leg einfach los und denk daran: Was man will, das schafft man auch!

ERSTE ÜBERNACHTUNG ALLEINE

Meine erste Zeltwanderung alleine habe ich mit 13 unternommen. Das war ein besonderes Erlebnis, das mir Lust auf mehr gemacht hat und mir außerdem das Gefühl gab, es schaffen zu können. Und schon nach dieser Tour war mir klar, dass das Outdoor-Dasein nicht nur ein Hobby sein, sondern einen großen Teil meines Lebens ausmachen würde.

Draußen alleine zu übernachten, empfinden viele als unheimlich. So war es auch, als ich zum ersten Mal alleine im Wald lag, und es ist noch immer mit einer gewissen Spannung verbunden, alleine draußen in der Natur zu schlafen. Wie viele andere habe auch ich Angst im Dunkeln. Trotzdem ist draußen zu schlafen nicht mehr so unheimlich wie früher, man gewöhnt sich daran. Ein paar Tipps:

Nicht weit gehen!

Es hat keinen Sinn, weit zu gehen, wenn man das erste Mal alleine draußen übernachten will. Man sollte das Mögliche tun, um sich sicher zu fühlen; und es gibt immer ein Gefühl von Sicherheit, zu wissen, dass Haus, Hütte oder Auto in der Nähe sind. Such dir einen schönen Platz, an dem du

Bei den ersten Übernachtungstouren ist es von Vorteil, wenn das Wetter mitspielt.

dich wohlfühlst, vielleicht eine Stelle, an der du schon einmal gewesen bist?

Kaffee und Süßigkeiten meiden!
Bevor du dich hinlegst, solltest du Kaffee und Süßigkeiten meiden. Es ist wenig hilfreich, vor dem Einschlafen lange wach zu liegen und der Fantasie freien Lauf zu lassen. Heb dir die Süßigkeiten am besten für den nächsten Morgen auf, da hast du sie dir dann wirklich verdient.

Einen der größten Unterschiede zwischen einer Tages- und einer Übernachtungstour stellt die Dunkelheit dar. Wenn sich die Nacht heranschleicht, kann es etwas unheimlich werden. Dagegen empfiehlt es sich, sich hinzulegen, bevor es dunkel wird.

Im Zelt schlafen!
Das Zelt gibt viel Sicherheit, da fühlt man sich ein wenig beschützt vor dem, was draußen ist. Stell eine Lampe auf, dann wird es hell und gemütlich.

Das Handy in der Nähe haben!
Für gewöhnlich kommt das Handy unterwegs wenig zum Einsatz, habe ich jedoch Angst, lege ich es mir vor dem Schlafen so hin, dass es gleich zur Hand ist. Es gibt eine Sicherheit zu wissen, dass man bei Bedarf jemanden kontaktieren kann. Deshalb empfiehlt es sich, bei der ersten Tour das Lager an einer Stelle aufzuschlagen, wo man Empfang hat.

Die Fantasie unter Kontrolle behalten!
Die Natur ist einer der sichersten Orte. Denk nicht an all das Unheimliche, was du in Filmen gesehen oder in Büchern gelesen hast. Denk vielmehr, dass außerhalb des Zeltes alles genauso ist wie vor dem Dunkelwerden. Hörst du Geräusche, ist es aller Wahrscheinlichkeit nach ein ungefährliches Tier, das am Zelt vorbeispaziert. Denk daran: Du bist genauso sicher wie zu Hause, und bald ist es wieder hell. Und: Der Morgen erwartet dich mit dem unbeschreiblichen Gefühl, es geschafft zu haben!

EINFACHES ABSCHALTEN VOM ALLTAG

Eine schöne Möglichkeit, dem Alltag zu entkommen, ist es, das Abendessen nach draußen zu verlegen. Essen über dem Lagerfeuer oder auf dem Campingkocher zuzubereiten ist oft lustiger, als zu Hause am Herd zu stehen. Und frische Luft tut nach einem langen Tag auf der Arbeit oder in der Schule immer gut.

Ich empfehle auch, mitunter die Hausaufgaben mit auf Tour zu nehmen, das habe ich selbst oft gemacht. Da kann man es sich am Lagerfeuer gemütlich machen und gleichzeitig die Schularbeiten erledigen. Ungestört durch Telefon oder Internet, arbeitet man zudem effektiver. Oft nehme ich einen Freund oder eine Freundin mit, da kann man einander helfen, wenn man mal nicht weiterkommt.

Der Femundsee

27. JUNI TAG 7

ÜBER DEN FEMUND

Erneut werden wir vom Geräusch heulenden Windes geweckt, und es wäre lebensgefährlich, bei so einem Wetter über den Femund zu paddeln. Das muss ich nicht ausprobieren, um es zu begreifen. Auf der Karte sehen die Dinge einfacher aus, als sie es in Wirklichkeit sind, und das Kanu ist anfällig. Deshalb müssen wir uns etwas anderes einfallen lassen. Papa ruft den Fährbetreiber der »Fæmund II« an, in der Hoffnung, dass er uns sicher auf die andere Seite befördert. Obwohl es ein Wagnis ist, unternimmt die Mannschaft einen Versuch.

Eine halbe Stunde später sitzen wir, mit einer frischen Waffel in der Hand, auf der Fähre. Je länger wir dort sitzen, desto besser verstehe ich, dass der Plan, über den Femund zu paddeln, wenig durchdacht war. Auch wenn ich beschlossen hatte, einzig und allein mit der Kraft des eigenen Körpers ans Ziel zu gelangen, wird es Ausnahmen geben. Oberste Priorität hat die Freude am Unterwegssein, und wie finde ich die, wenn ich in Todesangst in einem Kanu sitze und mein Leben riskiere? Ich habe natürlich vor, mit heilen Knochen anzukommen. Noch dazu gibt es Waffeln!

Nach einer angenehmen Fährfahrt gehen wir bei Jonasvollen an Land und mieten uns eine große, schöne Hütte. Die Betreiber des Campingplatzes sind sehr hilfsbereit; sie sorgen dafür, dass wir aus dem nächstgelegenen Lebensmittelgeschäft benötigte Waren bekommen, die uns noch dazu von der Verkäuferin »frei Haus« geliefert werden. Was für ein Luxus! Was für fantastische Menschen!

Ich glaube, ich habe mich noch nie zuvor so schmutzig gefühlt. Wir duschen und waschen unsere Sachen per Hand. Das Wasser wird ganz schwarz. Es ist unbeschreiblich schön, sich wieder sauber zu fühlen, Ruß und Fischblut aus dem Gesicht zu bekommen.

Ich bin schon viel auf Tour gewesen, aber erst jetzt wird mir bewusst, wie wenig man wirklich braucht. Alles, was ich benötige, habe ich im Rucksack. Diese Tour lässt mich auch Dinge des Alltags mehr schätzen, so einfache Sachen, die man als gegeben nimmt, wie eine warme Dusche, gutes Essen und ein weiches Bett. Man sollte sich immer wieder bewusst machen, was für ein Glück es ist, diese Dinge zu haben.

> **ICH BIN SCHON VIEL AUF WANDERFAHRT GEWESEN, ABER ERST JETZT WIRD MIR BEWUSST, WIE WENIG MAN WIRKLICH BRAUCHT, UM ZURECHTZUKOMMEN UND GLÜCKLICH ZU SEIN.**

28. JUNI TAG 8

VEGAS ERSTE SCHWIMMEINLAGE

Eine Nacht im weichen Bett wirkt Wunder. Ausgeruht und voller Energie machen wir uns auf den Weg. Es ist früh am Morgen, und es ist herrlich, nicht mehr das Kanu und die Paddel schleppen zu müssen, stattdessen nur noch den Rucksack auf dem Rücken zu haben. Jetzt können wir uns von den Wasserläufen wegbewegen und die Femundsmarka von einer anderen Seite erleben.

Das Wetter ist schön. Als wir zu einem Sumpfgebiet, einem richtigen Planschbecken, kommen, zeigt sich, dass das feuchte Vergnügen noch nicht vorüber ist. Ich habe so viele Geschichten von Leuten gehört, die in Mooren versunken sind, weshalb mich die Angst packt, als das Wasser über den Stiefelrand steigt. Je weiter wir in das Moor hineingeraten, desto mehr sinken wir ein. Schließlich reicht mir das Wasser bis zu den Knien, und ich werde von einem Heer blutrünstiger Mücken verfolgt. Auf meinen Schultern spüre ich etwa alle zwei Sekunden einen Stich, und das durch den Wollpullover hindurch. Während ich energisch versuche, aus dem Sumpfloch herauszukommen, wedele ich hektisch mit den Armen.

Durchnässt kommen wir aus dem Moor heraus und gehen weiter. Der Anblick, der uns hinter dem nächsten Bergkamm erwartet, ist wenig erfreulich. Noch ein nasses Hindernis. Der Fluss, den wir überqueren müssen, ist tief. In der Hoffnung, eine breite, flache Stelle zum Überqueren zu finden, gehen wir am Rand entlang. Auf dem Hang finden wir Stöcke, Watestöcke wie sie auch genannt werden, und damit ausgerüstet geht es hinaus auf den Fluss. Ich schicke Papa mit der Kamera voraus und muss einsehen, dass lange Beine ein klarer Vorteil sind. Auch wenn Papa dort, wo die Strömung am stärksten ist, etwas Mühe hat, kommt er sicher auf der anderen Seite an. Dann sind wir an der Reihe. Vega ist als Welpe aus dem Kanu gefallen und seither nicht mehr geschwommen. Wasser hat sie noch nie gemocht, jetzt aber muss sie schwimmen.

Ihr ganzer Körper zittert, als sie sich in das fließende Nass begibt. Erst sträubt sie sich, doch dann entschließt sie sich, mir zu vertrauen. Langsam tasten wir uns in tieferes Wasser vor, und sie kann nicht lange auf dem Grund laufen, sondern muss schwimmen, um voranzukommen. Ich versuche, sie im Auge zu behalten, muss mich aber voll und ganz auf mich selbst konzentrieren. Ich darf auf keinen Fall das Gleichgewicht verlieren. Die Strömung ist stark, einige Sekunden lang halte ich mich geradeso auf den Beinen. Papas Hände, in denen er die Videokamera hält, zittern, er ruft mir zu, ich müsse in meiner Mitte bleiben.

Dann ist es vorbei. Wir lassen das schlimmste Stück hinter uns und retten uns sicher an Land. Ich schließe das zottelige, klitschnasse Fellknäuel, das zum ersten Mal geschwommen ist, in die Arme. Ist da in ihren Augen Stolz zu erkennen? Wir kippen das Wasser aus den Schuhen und wringen die Wollsocker aus, bevor wir die Berge hinauf ziehen. Die Sonne brennt, und die Mücken sind ein nicht enden wollender Albtraum. Wir haben die Wahl: stechende Hitze oder stechende Mücken. Ich entscheide mich für Ersteres und hoffe, als Dreingabe ein bisschen Farbe abzubekommen.

Es wird ein langer Tag. Insgesamt laufen wir rund dreißig Kilometer. Das ist hart für die Füße, aber lediglich ein Vorgeschmack auf die Anstrengung, die auf uns wartet. Der Weg nach Stadlandet ist lang, aber voller Naturschönheiten, und trotz Mücken und Moor könnte es mir nicht besser gehen!

Meine Freude am Unterwegssein habe ich vor allem meiner Familie zu verdanken. Seit ich klein war, wurde ich mitgenommen und habe schöne Erlebnisse draußen in der Natur gehabt. Später waren auch meine beiden jüngeren Schwestern und meine Cousins dabei. Ich habe gelernt, was eine Wanderung gut und was sie so richtig schlecht macht. Hier sind ein paar Tipps, wie eine Wandertour für Kinder zu einem tollen Erlebnis wird.

WANDERFREUDE UND BEWÄLTIGUNG

Das Wichtigste, wenn Kinder mit auf Wandertour sind, ist eine positive Einstellung. Unabhängig von der Situation sollte die Einstellung der Erwachsenen vorbildlich sein oder zumindest so erlebt werden. Schlechte Laune, Klagen und Quengeln haben auf einer Wanderung nichts verloren, das hinterlässt bei den Kindern einen schlechten Eindruck. Aufgabe der Erwachsenen ist es, alles ruhig anzugehen und aus jeder Situation das Beste zu machen. Die Kinder sollten sich so wohl wie möglich fühlen. Geht es den Kindern gut, stehen auch die Chancen gut, dass sie wieder mitwandern wollen.

Die Aussicht auf eine gelungene Tour ist bei gutem Wetter besser. Vor allem bei den ersten Übernachtungstouren empfehle ich, Rücksicht auf den Wetterbericht zu nehmen. Dass die ersten Wanderungen positiv erlebt werden, ist besonders wichtig, sonst wird das Draußensein mit etwas Negativem verbunden. Haben die Kinder mehr Erfahrung, kann man sich auch unabhängig vom Wetter auf den Weg machen.

Vor allem zwei Dinge können eine Wanderung vermiesen: Hunger und Kälte. Beides führt sowohl bei den Kleinen als auch bei den Großen zu schlechter Laune. Ist es am Abend kalt, empfiehlt sich ein Bewegungsspiel zum Aufwärmen. Wichtig ist auch ausreichend Wechselkleidung, damit die Kinder abends immer trockene Sachen anziehen können, bevor sie sich hinlegen. Da man unterwegs nur begrenzte Möglichkeiten zum Trocknen der Sachen und zum Wärmen hat, ist es wichtig, darauf vorbereitet zu sein, dass die Abende und Nächte kalt werden können. Achte darauf, dass der Reißverschluss des Schlafsacks geschlossen und der Schlafsack oben bis an den Kopf zugezogen ist. Trage immer eine Mütze und bedecke den Hals, um Wärmeverlust zu vermeiden. Geht die Wanderung über mehrere Nächte, müssen die nassen Sachen am Morgen wieder angezogen werden, damit man abends immer trockene Sachen hat.

Als ich klein war, habe ich die langen Touren gehasst; das war immer mehr Mühe als Spaß. Plane keine anstrengenden Tagesmärsche, sondern lasse dir ausreichend Zeit. Es hat keinen Sinn, so weit wie möglich zu laufen, das Erlebnis wird dadurch nicht größer. Wenn die Kinder klein sind, ist es oft ein Vorteil, eine Hütte oder ein Auto in der Nähe des Lagerplatzes zu haben. Ein Auto bietet auch die Möglichkeit, besonders viel Essen, Decken, Wechselsachen und anderen Luxus mitzunehmen. Schau vorab auf die Karte und kennzeichne die Stellen, die sich als Rastplatz eignen könnten.

Um auf Tour zu gehen, braucht man nicht die allerbeste Ausrüstung, zumindest nicht im Sommer. Das Wichtigste ist, dass die Kinder gutes Schuhwerk haben, dass die Schlafsäcke ausreichend warm sind und das Zelt wasserdicht ist. Wichtig sind daneben ordentliche Liegeunterlagen, warme Kleidung und nicht zuletzt Regensachen. Teste die Ausrüstung vor der Tour, damit alles so funktioniert, wie es soll.

Beziehe die Kinder in die Tourroutinen ein. Die Suche nach einem Lagerplatz, der Zeltaufbau, das Brennholzholen, das Lagerfeuermachen und die Essenszubereitung unter freiem Himmel bedeuten für sie Spaß. Stelle das Zelt zeitig auf, damit alles bereit ist, wenn die Kinder sich hinlegen sollen. Im Zelt zu schlafen ist ein Riesenspaß, vielleicht das beste: nach einem aktiven Tag an der frischen Luft in den Schlafsack zu kriechen. Abenteuer im Zelt sind für gewöhnlich beliebt, dasselbe gilt für Spiele und Gute-Nacht-Lieder. Ich erinnere mich, wie schön es war, als Magnus, damals zehn Jahre alt, in seinen Schlafsack krabbelte und sagte: »Du musst reinkommen, Maria, und sehen, wie gemütlich es hier drin ist!«

Für Kinder ist die Natur ein großer Spielplatz. Sie können auf Bäume klettern, es sich vor dem Lagerfeuer gemütlich machen oder im Zelt Spaß haben. Führt die Wanderung an ein Gewässer, können die Kinder dort mit Rindenbooten spielen, angeln, Steine werfen, baden, kleine Fische fangen oder aus Zapfen und Zweigen einen Bauernhof bauen. Es ist wichtig, die Zügel locker zu lassen, damit die Kinder ihre Fantasie gebrauchen und die Natur ein Stück weit auf eigene Faust erkunden können. So erleben sie Wanderfreude und das Gefühl, etwas geschafft zu haben.

29. JUNI TAG 9

AUF RUTSCHIGEN STEINEN

Am nächsten Morgen dauert alles zu lange, und wir kommen nicht vor Mittag los. Es regnet und es weht ein frischer Wind, der immer stärker wird, je höher wir kommen. Die Luft ist so kalt, dass die Wangen fast erfrieren, und für jeden Schritt, den wir nach vorn tun, werden wir einen zur Seite gepustet. Ich bewege mich in meiner eigenen Welt, gut versteckt in der roten Kapuze meiner Jacke. Hier drinnen lasse ich die Gedanken nach Lust und Laune kreisen. Gerade jetzt denke ich an meine Fäustlinge. Wie dumm, dass ich sie ganz unten in den Rucksack getan habe. Meine Finger sind vor Kälte rot, aber das ist verdient. Die Fäustlinge müssen immer obenauf liegen; dass sie es nicht tun, habe ich allein mir zu verdanken.

Trotz des Unwetters empfinde ich einen Frieden und keine Gefahr. Als mir hier so im Laufen die Gedanken im Kopf wie kleine Gummibälle umhertanzen, rutschen unter mir plötzlich die Beine weg. Ich falle unsanft auf den Boden, auf die spitzen Steine. In der rechten Seite breitet sich ein heftiger Schmerz aus. Mein ganzer Körper schreit. Ich beiße die Zähne fest zusammen, denn ich weiß, dass der schlimmste Schmerz bald vorübergeht. Der Wind saust über mein Gesicht, und in meinem Kopf herrscht nunmehr derselbe Nebel wie in den Bergen. Papa kommt zu mir, und ich muss mich richtig zusammenreißen, um wieder auf die Beine zu kommen. »Meiner Meinung nach fällst du zu oft hin«, sagt er; sein Gesichtsausdruck ist vollkommen ernst. Der Kommentar überrascht mich, und ich spüre, dass er mir nicht wirklich gefällt. Gleichzeitig denke ich, dass er vielleicht recht hat. Ich muss besser aufpassen.

Durchnässt und erschöpft kommen wir schließlich zu einer schönen Alm, auf der sich eine offene und gemütliche DNT-Hütte befindet. Die Wärme des knisternden Holzofens breitet sich schnell im Raum aus, und eine warme Tasse Kakao und etwas Milchpulver bringen das Lächeln zurück. Obwohl das Essen an sich eine langweilige Angelegenheit ist, wird es ein schöner Abend mit Schokolade und Tagebuchschreiben. Morgen bekommen wir neuen Vorrat, er liegt in Papas Auto, das seit unserem Aufbruch in Brydal geparkt steht. Das heißt, wir hoffen zumindest, dass es noch dort ist. Papa macht sich Sorgen, dass es womöglich abgeschleppt wurde, was ich aber nicht glaube. Wir legen uns in der warmen Hütte schlafen. Ich denke, der morgige Tag wird schön. Ich nehme es mir fest vor, dass er das wird.

IN DER RECHTEN SEITE BREITET SICH EIN HEFTIGER SCHMERZ AUS. MEIN GANZER KÖRPER SCHREIT.

‹ *Der Weg über den Raudsjøpiggen war ein kaltes Vergnügen.*

30. JUNI TAG 10

BALD ALLEINE

Wir wandern durch Rentierflechte und Birkenwald. Die Sonne scheint. Ich sollte fröhlich sein, aber das bin ich nicht. Morgen fährt Papa nach Hause, und Vega und ich bleiben uns selbst überlassen. Mir graut davor, doch zugleich weiß ich, dass ich an dieser Erfahrung wachsen werde. Ich versuche, nicht so viel daran zu denken, aber das ungute Gefühl kehrt zurück, kaum habe ich es weggeschoben. Alles wird unheimlicher, wenn ich alleine bin; es wird so anders, so ungewohnt. Ich habe Angst vor etwas, vor irgendetwas, aber ich weiß nicht, vor was. Die ganze Verantwortung liegt nun auf mir, und das habe ich noch nie erlebt, nicht für so lange Zeit. Ich bin 16 Jahre alt und gewohnt, meine Eltern um mich zu haben, die mir helfen und mir sagen, was ich tun soll. Vega wird auf mich aufpassen, trotzdem weiß ich nicht, wie ich das meistern soll. Ich habe ein ungutes Gefühl in der Magengegend, so stark, dass mir die Tränen kullern.

Es ist mitten am Tag, als wir bei Papas Auto ankommen. Wir laden die Ausrüstung ein. Papa wird sie ins nächste Tal transportieren und dort auf mich warten. Er hat vor, Lebensmittel, einen neuen Kompass sowie ein paar andere Kleinigkeiten zu kaufen. Ich ziehe meine Joggingschuhe an, befestige die Trinkflasche an der Hüfte und stecke die Karte in die Tasche. Vega und ich werden über das Gebirge joggen und hoffentlich in Tylldal ankommen, bevor es dunkel wird.

Ich musste feststellen, dass die vielen tiefen Täler, durch die ich hindurch muss, ein extra großer Nachteil sind, wenn man quer durch Norwegen wandern will. Vom Berg hinunter ins Tal und wieder hinauf auf den Berg. Milchsäure bergauf und Spitzentempo bergab. So ist es auch heute zwischen Brydal und Tylldal. Es ist kein Mensch zu sehen und so still auf dem Pfad, dass es fast ein bisschen unheimlich ist. Die ganze Joggingtour dauert etwa zwei Stunden, und als ich endlich ankomme, schmerzen die Beine und der Körper ist erschöpft. Das war in der Tat eine ordentliche Ausdauerübung, und davon kann ich ja wohl Schmerzen haben.

Unten an der Straße wartet Papa im Auto. Er ist in Tynset gewesen und hat, da dies unser letzter gemeinsamer Abend ist, eine Übernachtung im Hotel gebucht. Das überrascht mich. Ich öffne die Heckklappe. Vega wedelt mit dem Schwanz, springt hinein und lässt sich sofort auf dem Bauch nieder. Wir fahren zum Hotel.

Cola, Schokolade, Pizza, Brot, Schokomilch und Schnittkäse sind nur einige der Sachen, die Papa eingekauft hat. Es kommt nicht so oft vor, dass eine halb verbrannte Riesenpizza so gut schmeckt, heute aber zergeht sie auf der Zunge. Im Hotel planen wir die weitere Route, ordnen den neuen Vorrat, Hundefutter für Vega und Reiseverpflegung für mich. Zudem sortiere ich viel Kleidung und andere Ausrüstung aus. Ich bin zufrieden, jetzt, da der Rucksack trotz neuen Vorrats so viel leichter ist. Grundsätzlich bin ich jetzt bereit, alleine weiterzugehen, das ungute Gefühl lässt aber noch immer nicht nach.

ICH SOLLTE FRÖHLICH SEIN, ABER DAS BIN ICH NICHT.

‹ *Auf dem Weg nach Brydal*

1. JULI TAG 11

EIN TAG MIT VIELEN TRÄNEN

An genau derselben Stelle, wo ich gestern die Joggingtour beendet habe, setzen wir die Rucksäcke auf und bereiten uns auf einen weiteren Tag auf den Beinen vor. Der Regen klatscht gegen die Jacke, und bereits bei der ersten Steigung ergreift die Milchsäure von den Beinen Besitz. In ein paar Stunden müssen wir uns trennen, davor graut mir seit Tagen. Was mich tröstet, sind die fantastischen Tage, die hinter uns liegen. Papa, Vega und ich hatten in dieser Zeit in der Femundsmarka unglaublich viel Spaß. Das Angelglück war uns hold, wir sind gepaddelt, gewandert, haben Flüsse überquert, Stürze überstanden und viele schöne Stunden erlebt. Jeder Tag bot Erlebnisse und Herausforderungen, genauso wie ich es mag.

Jetzt hingegen wird alles anders. Ich muss alle Entscheidungen alleine treffen und habe niemanden, auf den ich mich in Schwierigkeiten stützen kann. Niemand kann mir bei der Planung und Orientierung helfen und auch dann nicht, wenn ich hinfalle und mir wehtue. Die einfachen Sachen wie Zeltaufbau, Essenszubereitung und Packen werden länger dauern, aber das ist nicht das Problem. Es ist die Seele, die sich schwertut, ein kleiner Teil sucht das Sichere und Bekannte, während der Rest auf der Suche nach neuen Erlebnissen und Herausforderungen ist. Halte ich das Alleinsein aus? Bin ich stark genug? Jetzt liegt es an mir, ob die Tour ein Erfolg wird oder nicht.

Dann kommt der Zeitpunkt, den ich seit Tagen versucht habe zu verdrängen. Ich umarme Papa lange und schaffe es nicht, die Tränen zurückzuhalten. Im Kopf herrscht Chaos. Ich sehe zu, wie Papa hinter einer Biegung verschwindet. Weg ist er. In mir drin bricht alles zusammen.

Ich will rufen und ihn bitten umzukehren, schlucke die Worte jedoch herunter, bevor sie mir über die Lippen kommen. Nie zuvor habe ich mich so unsicher und voller Angst gefühlt. Wo sind die positiven Gedanken hin? Ich habe das Gefühl, meine eigene Willensstärke hält mich fest im Griff, und schließlich ist sie es, die mich dazu bringt, den Blick gen Westen zu richten. Nie schien das Ziel weiter entfernt. Mit schweren Schritten gehe ich endlich wieder weiter, auch wenn sich der ganze Körper dagegen sträubt. Die meiste Angst habe ich davor, Angst zu bekommen.

Entlang des holprigen Schotterweges schießen schlanke Kiefern in den Himmel. Zwei Eichhörnchen hüpfen von Ast zu Ast. Sie spielen miteinander und scheinen glücklich zu sein. Ich schaue ihnen eine Weile zu, nur um ihre Lebensfreude zu bewundern. Dann kommen die Tränen, ein Weinkrampf schüttelt mich. Der Kopf ist schwer, die Augen sind nass, und ich kann nicht klar sehen. Ich gehe durch Alvdal, nehme die Umgebung aber kaum wahr. Ich bringe nicht die Kraft auf, den Blicken der Leute zu begegnen, sondern konzentriere mich auf die weißen Joggingschuhe, die sich in gleichmäßigem Tempo auf dem schwarzen Asphalt fortbewegen. Ein Schritt nach dem anderen, während ich versuche, die negativen Gedanken abzuschütteln. Ich weiß: Wenn sie nicht verschwinden, werde ich meine Ziele nie erreichen: weder Wanderfreude noch erinnerungswürdige Erlebnisse oder den Endpunkt in Stad.

Viele Stunden folge ich dem Weg, und der harte Asphalt ist in den Beinen spürbar. Ich bin erschöpft, körperlich wie auch seelisch. Dann vollzieht sich in mir eine Art Wende. Am Horizont entdecke ich Berge, und Berge bedeuten Freude. Ein neuer Wille durchfährt meinen Körper. »Wir schaffen das, Vega«, sage ich. »Wenn du mir hilfst.«

Es sind meine Beine, die mich veranlassen, am Eingang zum Rondane-Nationalpark das Lager aufzuschlagen. Ich habe die verkehrsreichen Straßen hinter mir gelassen und hinke um das Zelt herum. Ich weiß nicht, woher ich heute meine Energie genommen habe, aber ich begreife, dass ich es zu weit getrieben habe. Ein heftiger Schmerz durchzieht die Beine, ein nie gekannter Schmerz. Ich ziehe die Schuhe aus und entdecke an den Füßen mehrere große Wasserblasen und wundgeriebene Stellen. Das Knie und der Oberschenkel sind nach dem Sturz vor zwei Tagen noch immer ganz blau. Am schlimmsten aber ist der Zeigefinger, den ich mir in der Femundsmarka verletzt habe. Er ist heftig angeschwollen, und die Wunde will nicht verheilen. Ich reinige alle Wunden, versorge sie mit Pflaster und Salbe. Es sieht aus, als hätte ich mich geprügelt. Warum habe ich das Lager nicht schon früher aufgeschlagen?

Dieser Tag war brutal. Die Stimmung war ganz weit unten. Dass ich vor Herausforderungen stehen würde, das wusste ich. Dass es aber so schwer werden würde, wie es heute war, darauf war ich nicht vorbereitet. Aber jetzt werde ich schlafen, der morgige Tag soll positiv beginnen. Ich werde mir beweisen, dass ich es schaffe. Auch das, was ganz und gar unmöglich erscheint, ist möglich. Ich hatte meine erste große Talfahrt, aber jetzt, wo ich so weit unten war, kann es nur einen Weg geben.

DIE MEISTE ANGST HABE ICH DAVOR, ANGST ZU BEKOMMEN.

Der »Pferdesprung« im Fluss Sølna

WUNDGERIEBENE STELLEN

Bei längeren Wanderungen besteht immer die Gefahr, sich wundzureiben. Das Wichtigste zur Vermeidung schmerzender Füße und Beine ist es, vorzubeugen.

Einige Tipps, die dabei helfen können:

Vor langen Touren die Schuhe immer einlaufen.

Neben den Wanderschuhen eventuell ein Paar Joggingschuhe mitnehmen, um notfalls zu wechseln.

Unter den Wollsocken Nylonstrümpfe tragen, ja, auch Männer! Sie schmiegen sich eng an und schützen vor Reibung.

Vor der Wanderung in neue Wollsocken investieren, häufig sind schlechte Socken der Grund für wundgeriebene Stellen.

Fußnägel schneiden; oft sind lange Nägel die Ursache für wundgeriebene Stellen und schmerzende Beine. Auf längere Touren eine Nagelschere mitnehmen.

Stellen, an denen die Gefahr für Reibung besonders groß ist, können bereits vorher mit Blasenpflaster oder Sporttape versehen werden.

Trotz Vorbeugung können wundgeriebene Stellen auftreten. Es beginnt oft mit Blasen, die zu heftigen Wunden werden können. Verwende Pflaster und Verbandszeug. Wird es zu schmerzhaft, sollte man ein oder zwei Ruhetage einlegen.

Wasserblasen sollten jeden Abend mit einer Nadel aufgestochen und die Flüssigkeit ausgedrückt werden. Die Beine sollten gewaschen und gut gelüftet werden. Nachts empfehle ich, ohne Strümpfe zu schlafen.

Genial bei wundgeriebenen Stellen ist Schmierseifenwasser. Stell die Füße in eine Tüte oder in einen Eimer mit lauwarmem Schmierseifenwasser. Das zieht die Entzündung heraus. Pfefferminztee kann auch verwendet werden, der wirkt desinfizierend.

VERSTAUCHTER KNÖCHEL

Neben wundgeriebenen Stellen ist dies die häufigste Verletzung auf Tour. Eine schnelle Behandlung ist hier wichtig, um den Schaden zu begrenzen.

Meine Methode:

Kühlen. Kaltes Wasser auf einem Stück Stoff funktioniert prima, wenn man keinen Eisbeutel dabeihat. Im Winter eignet sich Schnee. Achte darauf, dass sich zwischen Eis oder Schnee und Haut eine dünne, schützende Schicht befindet. Kühle mindestens 15 Minuten mit einer straffen Kompresse über dem Kühlmittel.

Hebe den verletzten Fuß 30 cm über Herzhöhe, um Abfallstoffe abzubauen.

Nach dem Kühlen die Kompresse wieder anlegen.

Ruhe so lange wie möglich, bevor du den Fuß wieder belastest. Musst du weitergehen, dann stabilisiere den Knöchel mit Sporttape oder einer Kompresse. Verwende eventuell einen Stock, um die verletzte Stelle zu entlasten.

SCHNITTWUNDEN

Bei kleineren Schnittwunden ist es wichtig, die Wunde zu reinigen. Spüle sie mit Wasser aus, bevor du ein Desinfektionsmittel verwendest. Lass die Wunde ruhig etwas bluten, damit sie sich selbst säubert. Lege einen Verband oder ein Pflaster mit Wundsalbe oder Wundcreme an.

Sollte die Wunde spreizen, versuche, sie mit Strips o. ä. zusammenzuziehen. Im Notfall kannst du Sporttape verwenden; schneide es in schmale Streifen, die du dann quer über die Wundoberfläche ziehst. Achte darauf, dass sich zwischen Wunde und Tape eine Mullbinde oder Ähnliches befindet.

Ernsthafte Schnittwunden müssen von einem Arzt behandelt werden. Hast du dich verletzt und Hilfe ist weit, ist es wichtig, die Blutung zu stoppen. Verwende Dinge wie Gürtel, Seile, Riemen vom Rucksack zusammen mit einem Stein für einen Druckverband, der direkt über der Blutung festgezogen wird. Rufe Hilfe.

KREUZOTTERBISS

Der Biss einer Kreuzotter ist unangenehm, für Erwachsene jedoch selten gefährlich. Rund 30 Prozent aller Kreuzotterbisse sind trocken, das heißt, die Kreuzotter sondert kein Gift ab. Im Falle eines Bisses ist es wichtig, möglichst Ruhe zu bewahren. Zeigen sich innerhalb von etwa zwei Stunden keine Symptome einer Vergiftung, handelt es sich wahrscheinlich um einen trockenen Biss. Ernsthafte Symptome einer Vergiftung sollten von einem Arzt behandelt werden. Kinder, Schwangere und Personen, die spezielle Medikamente einnehmen, sollten unbedingt einen Arzt aufsuchen.

ZECKENBISS

Zeckenbisse können zu Borreliose führen, jedoch führen nur etwa zwei Prozent aller Bisse zu einer Ansteckung. Bei einem Zeckenbiss ist es wichtig, die Zecke so schnell wie möglich zu entfernen. Das erfolgt mittels einer speziellen Zeckenpinzette, die es in der Apotheke gibt. Beobachte anschließend die Bissstelle. Breitet sich darum ein roter Ring aus, ist es notwendig, einen Arzt aufzusuchen, da er ein Anzeichen für eine Ansteckung mit Borreliose ist. In diesem Fall ist eine schnelle Behandlung mit Penicillin wichtig. In Gebieten, wo es viele Zecken gibt, sollte jeden Abend der Körper vollständig abgesucht werden.

Am Rand des Rondane-Nationalparks

2. JULI TAG 12

ALLEIN IM GEBIRGE

Als ich am Morgen aufwache, fühle ich mich stärker als je zuvor. Es erinnert mich an das Gefühl nach meiner ersten Übernachtung alleine im Freien. Das war zwar nur einen halben Kilometer von unserem Haus entfernt im Wald, aber dennoch weit genug, um mich ganz alleine zu fühlen.

Die Sonne wärmt, und die Berge leuchten mir entgegen, so als wollten sie mich willkommen heißen. Ich habe mein Lachen wiedergefunden und muss Vega dafür danken, dass sie in den schweren Stunden bei mir war. Ich kann es kaum erwarten, ins Gebirge zu kommen, der Tag ist wie geschaffen dafür, ein perfekter Tag zu werden.

Im Hochgebirge weht der Wind mit enormer Kraft. Es ist herrlich, die frische Gebirgsluft einzuatmen, den Duft von echter Freiheit. Weiter östlich wüten fürchterliche Regenschauer, da die Wolken aber die entgegengesetzte Richtung nehmen, komme ich mit ein paar bescheidenen Tropfen davon. Kein Netz, keine Leute. Nur Vega und ich und der große blaue Rucksack. Wir haben das Gebirge ganz für uns alleine. Ich nehme mir Zeit, die guten Augenblicke im Foto festzuhalten. Ich liebe es, das Leben an der frischen Luft mit Fotografieren und Filmen zu verbinden. Dann habe ich immer etwas Schönes, worauf ich zurückblicken kann, und gleichzeitig kann ich meine Erlebnisse mit anderen teilen. Ich habe einiges an Kameraausrüstung dabei, eine GoPro-Kamera, eine Videokamera, eine große Spiegelreflexkamera, ein Stativ, Speicherkarten, Unmengen an Batterien und Kabeln. Deshalb ist mein Rucksack so schwer, aber das ist es ganz sicher wert.

Am Nachmittag flaut der Wind ab. Hinter einem Bergkamm erblicke ich vor einer unbewohnten alten Alm ein paar weidende Kühe. Große Kühe machen mir Angst, weshalb ich einen Umweg mache. Etwa einen Kilometer entfernt erahne ich eine flache Stelle, bedeckt mit weißer Rentierflechte. Ein passender Rastplatz?

Während ich mein heimeliges Zelt aufbaue, stellt sich ein Gefühl von Sommer ein. Die Flechte unter den bloßen Füßen ist weich. Während die Sonne für heute ihre letzten wärmenden Strahlen aussendet, gehe ich hinunter zum Fluss, um Wasser zu holen. Die Landschaft erstrahlt in Gelb und Orange, ein perfekter Sommerabend. Unter den Füßen spüre ich einen stechenden Schmerz, es sind noch ein paar Wasserblasen dazugekommen. Ich kann nur lachen, was für Bagatellen!

Der Klang von Kuhglocken verstummt langsam, und ich höre, wie der flüsternde Wind über die Zeltplane gleitet. Mit einem Lächeln um die Lippen schaue ich an die helle Decke hinauf. Vega liegt ganz dicht bei mir, sie ist mein treuer kleiner Engel. Ich bin unglaublich glücklich, in diesem Moment genau hier zu sein. Das wollte ich gegen nichts eintauschen, solche Erlebnisse sind etwas ganz Besonderes. Ich bin satt, friere nicht und habe eine gute Freundin an meiner Seite. Und: Ich befinde mich inmitten fantastischer Natur. Ich freue mich darauf, sie in den kommenden Tagen weiter zu erforschen.

> VEGA LIEGT GANZ DICHT BEI MIR, SIE IST MEIN TREUER KLEINER ENGEL.

Aussicht auf den Kyrkjekletten

3. JULI TAG 13

EIN KAMPF GEGEN DEN KÖRPER

Als ich am nächsten Morgen aufwache, schwebt gute Laune über meinem Lager. Ich öffne die Zeltluke, schaue hinaus und verspüre ein unbeschreibliches Gefühl von Freiheit. Der Himmel ist ganz blau, die Sonne strahlt und die Luft ist richtig warm. Man sagt zwar, nichts im Leben sei perfekt, aber hier und jetzt kann ich mir nichts Besseres vorstellen. Barfuß laufe ich ums Zelt herum, und wären die Ohren nicht im Weg, würde ich wohl auch hinten noch grinsen. Ich versuche mich an einigen merkwürdigen akrobatischen Übungen. Es liegt eine Ruhe über dem Rastplatz, eine Stille, die meine Energiespeicher auffüllt. Solche Erlebnisse sollten an sich Grund genug sein, sich auf Tour zu begeben, nichts gibt mir so viel Lebensfreude wie solche Tage. Was für ein herrliches Leben, genau das, wonach ich auf dieser Wanderung suche. Solche Stunden können nicht für Geld gekauft, im Film wiedergegeben oder mit Worten beschrieben werden. Man muss sie erleben.

Widerstrebend packe ich zusammen, um auf den nicht ganz zur Zusammenarbeit bereiten Füßen weiterzuziehen. Zum ersten Mal habe ich die Shorts angezogen, sie stehen für den Sommer schlechthin. Danke an Mama für die Sonnencreme, ohne sie würde ich heute bestimmt wie eine Tomate aussehen.

Nach einer tollen Gebirgstour mit Aussicht auf einige der spektakulärsten Gipfel des Rondane-Nationalparks nehme ich den Pfad hinunter zur Fernstraße. Die schöne Natur hat mich so gefesselt, dass ich die Schmerzen in den Beinen kaum gespürt habe. Erst jetzt merke ich, dass nicht alles so ist, wie es sein sollte. Meine Füße tun entsetzlich weh. Jeder Schritt jagt einen stechenden Schmerz durch den Körper. Wo kommt das so plötzlich her? Schließlich geben meine Beine nach, ich breche zwischen den Kiefern zusammen. Meine Beine sind vollkommen kraftlos, die Schmerzen sind unerträglich. Dabei habe ich nicht einmal die Hälfte der heutigen Etappe geschafft. Warum passiert das jetzt? Hilflos sitze ich mit Tränen in den Augen da und weiß nicht, was ich machen soll. Mein Körper weigert sich, und die Schmerzen sind zum Schreien.

Zwei Stunden lang tröste ich mich mit Essen und denke, dass ich niemals ankommen werde. Dann aber ändert sich meine Stimmung. Ich werde richtig wütend, brülle los und schimpfe meine Beine aus, wickle sie in Sporttape ein und zwinge die Füße in die Wanderschuhe. Was für unbrauchbare Drecksbeine!

Ich muss die Zähne zusammenbeißen. Jeder Schritt schmerzt. Die Hitze ist unerträglich geworden. Mein Körper hat gesprochen, und ich weiß, dass es dumm ist, weiterzugehen, aber mein Wille übernimmt vollends das Kommando und treibt mich voran. Ich brauche nämlich bald neuen Proviant, also muss ich weiterlaufen. Hoffentlich erreiche ich morgen die Grimsdalshytta; das ist zumindest der Plan.

Ich laufe und hadere mit meinem Körper, als passiert, was nicht passieren darf: Mein Wasser ist alle. Unter mir donnert wie zum Hohn der Fluss durchs Tal, aber dort hinunterzukommen ist unmöglich. Der Mund ist trocken, und ich hechle die steilen Hänge hinauf. Das einzige, woran ich denken kann, ist Wasser. Es ist entsetzlich.

‹ *Morgengymnastik im Rondane-Nationalpark*

Dann endlich taucht ein kleiner Bach vor mir auf. Ich stürze mich darauf wie ein Kind auf ein Süßwarenregal. Das Wasser ist frisch und gut, aber Vega will nichts. Sie hat den ganzen Tag über kaum etwas getrunken, und ich mache mir Sorgen. Am Ende muss ich das Wasser in sie hineinzwingen; da ist sie beleidigt. Wie schnell sich alles ändern kann. Alles sah nach einem schönen Tag aus, und geendet hat es im Gegenteil. Ich versuche immer, positiv zu denken, heute aber habe ich die negativen Gedanken wieder zugelassen. Das ist dumm und allein mein Fehler. Ich muss besser darin werden, aus allem das Beste zu machen; es ist wichtig, dass es einem auf einer Wanderung gut geht.

Die letzten zwei Stunden der heutigen Rondane-Etappe sind lang, aber unglaublich schön. Beine und Stimmung haben sich gebessert. In der Dørålseter, einer bedienten Hütte des Touristenvereins, treffe ich freundliche Menschen, bekomme eine Dusche und ein verdammt gutes Abendessen. Eine Nacht im Bett bewirkt für die Beine vielleicht Wunder. Morgen warten neue Erlebnisse auf mich.

DIE LETZTEN ZWEI STUNDEN DER HEUTIGEN RONDANE-ETAPPE SIND LANG, ABER UNGLAUBLICH SCHÖN.

Der kleine See Stordøltjønnsløgde mit Aussicht auf Rondane

Der Norwegische Wanderverein (DNT) bietet Wanderfreunden fantastische Möglichkeiten. Der Verein hat rund 20.000 Kilometer markierte Sommerrouten, mehr als 7.000 Kilometer mit Zweigen markierte Winterrouten und fast 500 Hütten, die benutzt werden können. Bei den Hütten gibt es drei Kategorien: *nicht bedient*, *selbstbedient* und *bedient*. Sie befinden sich im Fjordgebiet wie auch im Gebirge. Alle haben ihre Eigenart, ganz gleich, ob sie alt oder neu sind. Als DNT-Mitglied erhält man Rabatt auf die Hüttenübernachtung. Für die selbstbedienten und nicht bedienten Hütten benötigt man den Standardschlüssel des DNT. Diesen bekommt man gegen eine Kaution, erhältlich ist er unter anderem im DNT-Online-Shop.

Es ist empfehlenswert, sich vorab über die Hütten zu informieren, die man besuchen will, nicht zuletzt, wenn man einen Vierbeiner mit auf Tour nehmen will. Es variiert von Hütte zu Hütte, allen ist jedoch gemein, dass der Hund nicht in den Aufenthaltsraum, in den Schlafraum und in das Esszimmer darf, vor allem aus Rücksicht auf Allergiker. Einige Hütten sind mit Hundekäfig, -zimmer oder -zwinger ausgestattet. Mitunter gibt es auch Zimmer oder kleine Hütten, in denen Besitzer und Hund zusammen wohnen können. Vereinzelt muss der Hund auch draußen an der Leine oder in einem Nebengebäude untergebracht werden.

Das Schöne an den DNT-Hütten ist, dass sie jedem zur Verfügung stehen. Sie sind eine gute Alternative, wenn man ohne Zelt längere Touren unternehmen will. Vielerorts ist es möglich, von Hütte zu Hütte zu wandern. In den Hütten des Wandervereins, die für ihre angenehme Stimmung bekannt sind, fühlt man sich immer willkommen. Oft trifft man auf Gleichgesinnte und kann neue Bekanntschaften knüpfen. Alle Hütten verfügen über jede Menge Matratzen, einige haben auch Notunterkünfte, damit alle Platz finden.

DIE VERSCHIEDENEN HÜTTENARTEN – EINE ÜBERSICHT

Nicht bediente Hütten

Nicht bediente Hütten sind gemütlich und oft klein. Einige verfügen über ein Solarzellenpanel und eine installierte Wasserleitung. Standard, Größe und Anzahl der Schlafplätze variieren. Alle verfügen über Federbetten, Kissen und Decken sowie die nötige Küchenausstattung. Feuerholz sollte auch vorhanden sein, Essen muss man mitbringen. Fast alle dieser Hütten sind das ganze Jahr über nutzbar.

Selbstbediente Hütten

Die selbstbedienten Hütten ähneln weitestgehend den nicht bedienten, wobei hier zusätzlich Lebensmittel angeboten werden. Der Essensvorrat variiert von Hütte zu Hütte, aber es ist immer ausreichend vorhanden, um sich sattessen zu können. Bei längeren Touren kann man in diesen Hütten Lebensmittel kaufen und so unterwegs den Vorrat auffüllen. Die meisten selbstbedienten Hütten verfügen über ein Solarzellenpanel, und in einigen ist auch Wasser installiert. Einige werden zeitweise von einer Hüttenwache betreut. Fast alle sind das ganze Jahr über nutzbar.

Bediente Hütten

Wer etwas Extra-Luxus und ein Drei-Gänge-Menü mag, für den sind die bedienten Hütten perfekt. Hier servieren nette Gastgeber herrliche, oft lokale Gerichte. Zudem hat man in der Regel Zugang zu Dusche, Trockenraum und Strom. Die bedienten Hütten sind nicht das ganze Jahr über geöffnet; oft befindet sich in unmittelbarer Nähe aber auch eine selbstbediente oder eine nicht bediente Hütte. Die Öffnungszeiten sollten vor dem Aufbruch im Internet überprüft werden.

Markierte Pfade und Winterloipen

Der Wanderverein macht ein fantastische Arbeit, wenn es um die Kennzeichnung von Sommerpfaden und Winterloipen geht. Trotzdem: Auch wenn die Karte (mit dem roten T) markierte Pfade und Loipen anzeigt, kann man nicht immer darauf vertrauen. Einige Pfade können zugewachsen oder die Markierung kann abgetragen sein. Absichern muss man sich auch hinsichtlich des Wasserstandes von Flüssen und überschwemmten Mooren oder großer Schneemengen. Die Winterloipen sind zudem nur in Teilen des Winterhalbjahrs markiert, meist in der Zeit rund um Ostern. Das muss man vor dem Start prüfen. Karte und Kompass muss man immer dabeihaben, besonders, wenn man Pfade und Loipen nutzt, die seltener begangen werden.

DER BESUCH VON NICHT BEDIENTEN UND SELBSTBEDIENTEN HÜTTEN

Erster Schritt nach der Ankunft ist der Eintrag ins Protokoll. Erst dann hat man Anrecht auf einen Schlafplatz.

Rondvassbu im Rondane-Nationalpark

Memurubu im Jotunheimen-Nationalpark

Ist es kalt, wird der Ofen angefeuert, bevor man Wasser holt. Für Trinkwasser gibt es eigene markierte Eimer. Ein Aushang in der Hütte informiert über die nächste Wasserstelle, im Winter muss man meist Schnee schmelzen.

Die Hütten sind in der Regel mit einem Gasherd ausgestattet. Die sind einfach zu handhaben, und üblicherweise findet sich vor Ort eine Gebrauchsanleitung. Vom Herd führt eine Leitung zur Gasflasche, die sich häufig unter der Arbeitsplatte befindet. Der daran befindliche Schalter muss vor Gebrauch umgelegt und nach Gebrauch wieder in die Ausgangsposition gedreht werden. Es ist wichtig, Gas zu sparen, verwende daher zum Schneeschmelzen und Erwärmen von Abwaschwasser den Holzofen. In den selbstbedienten Hütten gibt es eine eigene Speisekammer. Behalte die Übersicht über das entnommene Essen, damit für alles bezahlt wird.

Sind mehrere Besucher in der Hütte, ist es wichtig, während des Aufenthalts Ordnung in seiner Ausrüstung zu halten. Mache den Abwasch sofort und hole mehr Wasser und Feuerholz, sollte dies benötigt werden. Es ist wichtig, Rücksicht zu nehmen, sowohl auf jene, die früh schlafen gehen, als auch auf jene, die am Morgen lange schlafen wollen. Verwende in der Nacht einen Lakensack oder einen Schlafsack.

Vor der Abreise muss für Aufenthalt und Essen bezahlt werden. Das erfolgt mittels Einzugsermächtigung oder Bargeld, das in der verschlossenen Kasse in der Hütte hinterlegt wird. Bei der Einzugsermächtigung kann man zwischen Lastschrift und Kreditkarte wählen. Möglich ist auch die Zusendung einer Rechnung, wobei eine Rechnungsgebühr hinzukommt.

Abwaschen, Aufräumen und Holzholen müssen erledigt werden, bevor man weiterzieht. Teile dir die Arbeit mit den anderen Gästen. Verlasse die Hütte immer so, wie du selbst sie vorfinden möchtest.

4. JULI TAG 14

SCHNEE!

Am nächsten Morgen breche ich zeitig auf. Es hat gerade geregnet, und es ist kalt und bedeckt; ganz das Gegenteil von gestern, aber trotzdem schön. Körperlich fühle ich mich viel besser, und die Füße wirken überraschend vital, als ich hier von Stein zu Stein durch die enge Dørålglupen hüpfe. Ich bin gespannt auf das, was mich erwartet, und freue mich über die Situation, wie sie jetzt gerade ist. Es ist so unglaublich schön, unterwegs zu sein!

In der Dørålglupen gibt es auch ein Wiedersehen mit dem Schnee. In kleinen Flecken liegt er da, umrahmt von unendlich vielen Steinen. Weiter westlich werden wir uns weitaus höher über dem Meeresspiegel bewegen, weshalb es mir Sorgen bereitet, dass wir schon hier auf Schnee treffen. Da die Schneeschmelze in diesem Jahr äußerst spät eingesetzt hat, muss ich auch auf hochwasserführende Flüsse vorbereitet sein. Gerade jetzt aber bedeutet der Schnee Spaß. Vega und ich, wir vergnügen uns. Ich baue die Kamera auf und schaffe es, genau in dem Moment auf der Nase zu landen, als die Aufnahme beginnt. Treffer!

Allmählich verlassen wir die Dørålglupen, haben aber noch immer viel steiniges Gelände vor uns. Vegas Pfoten haben in letzter Zeit viel mitgemacht. Sie sind wund, ziehe ich ihr aber Hundesocken an, steigt das Risiko, dass sie rutscht. Meinen Füßen geht es merkwürdigerweise viel besser. Zwar spüre ich noch die wundgeriebenen Stellen, aber die sind kein großes Problem. Auf jeden Fall war es gut, dass wir uns früh auf den Weg gemacht haben. Wir brauchen die Zeit, und es ist wichtig, dass die Tour mehr als nur Plackerei wird. Mehr Zeit bietet auch die Chance, mehr zu erleben.

Auf den Pfaden den ganzen Weg von Femund nach Rondane bin ich keinem einzigen Menschen begegnet. Kaum zu glauben, aber wahr. Daher ist die Freude groß, als ein Junge in meinem Alter auftaucht, als ich Wasser für das Mittagessen koche. Er fragt, ob er sich zu uns gesellen darf, und erfreut sage ich ja. Er wandert von Hütte zu Hütte durch Rondane, in der uns entgegengesetzten Richtung. Es ist schön, mit jemand anderem zu sprechen als mit Vega, und ich freue mich immer, wenn ich Menschen in meinem Alter treffe, die genauso gerne draußen sind wie ich.

Am Nachmittag erreiche ich die großartige Grimsdalshytta, wo ich von den Betreibern nett aufgenommen werde. Glücklicherweise ist das Paket mit neuem Vorrat, Karte und Hundefutter angekommen. Bevor ich aber den Rucksack damit belade, legen wir morgen einen wohlverdienten Ruhetag ein. Das wird uns beiden guttun.

Vega ruht sich aus, wann immer sie kann. >

ES IST SO UNGLAUBLICH SCHÖN,
AUF WANDERFAHRT ZU SEIN!

Pfad von der Dørålseter zur Grimsdalshytta

5. JULI TAG 15

BARFÜSSIGER RUHETAG

Ich beginne den Tag mit einem Frühstück in der Hütte. Ich bin etwas nachlässig geworden, wenn es darum geht, wann, was und wieviel ich esse. Ab und an spüre ich nicht einmal, ob ich Hunger habe oder nicht. Natürlich wiege ich jetzt weniger als zu Beginn der Tour, mein Körper hat weniger Fett und dafür mehr Muskeln. Das mit dem Essen ist ein Dilemma: Ich weiß, dass es wichtig ist, genug zu essen, das bedeutet aber auch einen schwereren Rucksack, was wiederum einen höheren Energieverbrauch und mehr Hunger bedeutet. Mittlerweile werde ich von einer Portion gefriergetrockneter Trekkingnahrung nicht mehr satt. Ich muss mich nicht bei jeder Mahlzeit pappsatt essen, merke aber, dass es zu wenig ist, was ich zu mir nehme. Einen ganzen Tag lang Zugang zu viel nährstoffreichem Essen zu haben, ist Gold wert, und deshalb lege ich heute ein paar Extramahlzeiten ein.

Der Rondane Nationalpark feiert in diesem Jahr, 2012, seinen 50. Geburtstag, deshalb ist heute in der Hütte viel los. Geir Arne Hageland ist da, bekannt aus der TV-Doku »Ingen grenser« (Keine Grenzen), dem im Alter von fünf Jahren beide Beine amputiert wurden, und er hat ein Team des Fernsehsenders NRK im Schlepptau. Er ist ein unglaublich netter Kerl mit viel Humor, und es ist beeindruckend zu sehen, wie gut er trotz seiner Beeinträchtigung unterwegs ist. Er beweist, dass alle die Natur nutzen können, und ich glaube, Geir Arne kann viele ermutigen, ihre Träume ebenso zu leben wie er – sogar mit einer Behinderung.

Obwohl der Tag zum Ausruhen gedacht war, werde ich immer rastloser und unternehme barfuß mit Vega eine Wanderung ins Gebirge. Unten am Fluss grast eine Herde Pferde, und wenn ich richtig höre, vernehme ich die scharfe Stimme eines Goldregenpfeifers. Die Sonne durchdringt die verschleierte Wolkendecke, und das Sommergefühl schleicht sich wieder ein. Was für ein Leben!

Nach einem großartigen Abendessen in der Grimsdalshytta beende ich den Tag mit einem belebenden Bad im Fluss. Besucher und Betreiber der Hütte haben sich gut um mich gekümmert, und ich bin froh, einen Tag hiergeblieben zu sein. Die Ruhe hat zwei erschöpften Körpern gutgetan, aber morgen geht es weiter. Uns steht eine anstrengende Zeit bevor. Rucksack und Packtaschen sind bis zum Rand voll mit Essen für den Aufenthalt im Reich der Moschusochsen, dem Dovrefjell.

BARFUSS WANDERE ICH ZUSAMMEN MIT VEGA IN DIE BERGE.

Das Gebiet rund um die Grimsdalshytta >

6. JULI TAG 16

IM REICH DER TIERE

Aussicht auf einige der höchsten Gipfel von Rondane

Der Rucksack kommt mir schrecklich schwer vor, als ich mich auf den Weg zum Dovrefjell mache. Der steile Hang, der vom Tal hinaufführt, wächst vor mir empor, der Schweiß rinnt mir den Rücken herab, während ich langsam, aber sicher hinauftrotte. Alles tut mir weh. Der Rucksack wiegt weit über 20 Kilo, meine Atmung erinnert an den Endspurt beim Ausdauertraining. Auch wenn der Körper scheinbar keine Kraft mehr hat, mobilisiere ich Extrakräfte. Die Beine bewegen sich in einem fort und ziehen die bleischwere Last auf dem Rücken mit, hinauf zum nächsten Felsbrocken. Pause. Ich atme durch und nehme einen Schluck von dem warmen Wasser aus der Trinkflasche, bevor ich weitergehe. Die Ziellinie auf dem Gipfel rückt immer näher, und ich werde nicht aufgeben, bevor sie überschritten ist.

Nachdem ich mich durch den Birkenwald bergauf geschleppt habe, kommen endlich die weiße Rentierflechte und das Hochgebirge in Sicht. Die Milchsäure hat den Körper im Griff, und ich schaffe es gerade so ganz nach oben, bevor ich mich auf den Boden werfe und mit dem Rucksack auf mir liegenbleibe. Vega sieht mich an, fragt sich vermutlich, ob ich gerade den Verstand verliere. Es gibt Zeiten, da frage ich mich das selbst; das Gefühl aber, den Hang bezwungen zu haben, ist großartig!

Minuten später ist der Körper wieder voller Elan. Das vor uns liegende Gelände wirkt relativ flach, die schwerste Strecke haben wir für heute hoffentlich hinter uns. Wir stromern weiter, hinein ins Gebirge. Die Mücken schwirren mir ums Gesicht, während sich der schmale, sichtlich wenig genutzte Pfad vor uns entlangschlängelt wie eine Einladung zu wunderbaren Naturerlebnissen. Der Wind meint es gut mit uns, ebenso die Wärme.

ICH FINDE, DER WOLF IST EIN SCHÖNES GESCHÖPF, UND SPÜRE, WIE DAS HERZ HEFTIGER SCHLÄGT.

Die Sonne gibt ihr Bestes, um die Wolkendecke zu durchdringen, und ich genieße jede Sekunde, in der es ihr gelingt. Es gibt so viel Schönes zu sehen und zu hören. Die Vögel singen, und am Boden sprießen hübsche weiße Blumen. Im Flussbett unterhalb grasen friedlich drei Elche, voll und ganz in ihrem Element. Es ist traumhaft.

Als die Hälfte der Tagesetappe geschafft ist, feuere ich den Gaskocher an und bereite das Mittagessen zu. Ich rufe Papa an. Er hat eine gute Nachricht für mich. Mama und er wollen mich besuchen. Ich bin sehr froh und auch ein wenig erleichtert. Alleine durchs Moschusland zu laufen, ist nämlich etwas, wovor mir gegraut hat. Ich lege mich ins Heidekraut und schlafe ein. Heiter, zufrieden und ganz ohne Sorgen.

Das Gebirge geht in Wald über, und das wohlbekannte Geräusch von Wanderschuhen auf Schotter ist wieder da. Ich habe es nicht vermisst. Auf dem Boden entdecke ich plötzlich etwas Merkwürdiges: ziemlich große Spuren in gerader Linie entlang des Weges, bevor sie etwas weiter entfernt zur Seite ausscheren und in den Kiefernwald führen. Sie erinnern mich an Wolfsspuren, aber kann das sein? Ich finde, der Wolf ist ein schönes Geschöpf, und spüre, wie mein Herz etwas heftiger schlägt. Ich werfe einen Blick zurück in der Hoffnung, dass er auftaucht, aber das tut er natürlich nicht.

Schotter geht in Asphalt über, und bald ist Sletten gård in Sicht. Ich miete eine kleine Hütte, und als ich die komplette Ausrüstung ausgepackt habe, kommt ein wohl-

bekanntes Auto die Auffahrt herauf. Mama und Papa! Ich schlüpfe in die Schuhe und laufe zum Auto. Im Kofferraum sitzt Totak, der andere Alaskan Malamute unseres Nachbarn. Freudig springt er umher und will von allen geherzt werden. Ah, wie herrlich es ist, sie alle drei wiederzusehen!

Es dauert nicht lange, bis das Taco auf dem Tisch steht, und es hat nie besser geschmeckt, das schwöre ich. Dazu gibt es Obst, Schokoküsse mit Kokos, Schokolade und alles, wovon ich in den letzten Wochen geträumt habe. Ich verschlinge alles, während Mama und Papa vom Sommer zu Hause in Hadeland erzählen. Ich freue mich darauf, die Erlebnisse für ein paar Tage mit ihnen zu teilen. Moschusland, wir kommen!

Høgronden und Midtronden in Rondane, links der Høgronden, rechts der Midtronden.

7. JULI TAG 17

TOTAK AUF TOUR

Totak hat die ganze Nacht vor der Tür geheult. Mehrmals war ich draußen bei ihm, aber er hatte einfach zu viel Energie, um zu schlafen. Dass ich zum Umfallen müde war, interessierte ihn nicht im geringsten.

Nach dem Frühstück tausche ich die zerschlissene Ausrüstung gegen die neue, die Mama und Papa mitgebracht haben. Schmutzige Kleidung wird durch frischgewaschene ersetzt. Ich packe unsere Rucksäcke und die Packtaschen der Hunde und nutze die Gelegenheit, etwas von meinem Durcheinander auf die Schultern der anderen zu verteilen. Eine leichtere Last kommt mir zupass, zudem ist es von Vorteil, Mama und Papa etwas zu bremsen. Sie sind beide gut in Form, aber ich werde es schon schaffen, sie zu ermüden – für schwere Rucksäcke werde ich auf jeden Fall sorgen.

Totak ist obenauf, als wir endlich loskommen. Er steht keine Sekunde still, springt wie ein Känguruh auf und ab. Die ersten hundert Meter zieht er mich wie eine Fahne hinter sich her, und um ein Haar reißt er mich um. Der Pfad windet sich zwischen Bäumen und Büschen, und die großen Pfoten nehmen Tempo auf. Die Sonne brennt, und Totaks rosa Zunge hängt ihm weit aus dem Maul. Beim ersten Bach springt er hinein und macht sich ganz nass.

Wir unterhalten uns, als Totak plötzlich an der Leine ruckt. Linker Hand bricht der König des Waldes durchs Gestrüpp, und wir erhaschen kurz einen flüchtigen Blick auf den Elch, bevor er wieder verschwindet. Totak will am liebsten hinterher, das Geräusch von Glocken lässt ihn den Elch jedoch schnell vergessen. Er wird schneller, und ich stemme die Fersen in den Boden, als er mich den steilen Abhang hinabzerrt. Die armen Schafe packt die Todesangst, als das wolfsähnliche Fellknäuel angesaust kommt, Totak hingegen ist höchst zufrieden, dass er sie verscheucht hat. Was für ein Wildfang!

Als die Schafe außer Reichweite sind und die nächste Steigung ansteht, lässt sich Totak plötzlich auf den Bauch fallen, vollkommen erschöpft. Längelang liegt er auf dem Pfad – ein herrlicher Anblick. Der Gegensatz zwischen ihm und Vega ist groß. Vega ist die Königin des Gebirges und bewältigt das meiste ohne Probleme. Totak hingegen ist besonders gut darin, es sich und denen, die mit ihm unterwegs sind, schwerzumachen. Er nimmt die unglaublichsten Wege, verheddert sich in Gebüsch und Gestrüpp und nimmt jede noch so kleine Pfütze mit. Er hat einen glänzenden Humor, auch wenn er ein unmöglicher kleiner Racker ist. Es ist schwer, nicht von ihm eingenommen zu sein.

Am Nachmittag kommen wir in Kongsvoll an und stapfen mit Wanderstiefeln und schmutzigen Hosen hinein, vollkommen in Unkenntnis, dass dies ein Ort ist, an dem man gerade das nicht tut. Wir bekommen ein freies Zimmer und ziehen uns Fleecehosen und Wollsocken an, bevor wir in den Speisesaal stolpern. Drinnen sitzen herausgeputzte Leute in Kleid und Anzug, und uns verschlägt es die Sprache. Erst als wir die Speisekarte öffnen, verstehen wir, warum: Wir haben uns in ein Gourmetrestaurant verirrt! Das Essen ist allerdings das beste, das ich jemals verspeist habe, und ich muss mich glücklich schätzen, dass Papa die Rechnung übernimmt.

‹ *Totak und Vega sind gute Freunde.*

Bei meinen Wanderungen in den Wald und ins Gebirge begleiten mich oft die beiden Alaskan Malamutes unseres Nachbarn. Sie sind zwei fantastische Wandergefährten, die mir viel Freude bereiten und für Gesellschaft sorgen. Ich bin unglaublich froh, dass Vega auf der langen Tour bei mir ist, ohne sie hätte ich es nicht geschafft. Es ist unglaublich, was für eine starke Bindung man zu diesen Vierbeinern aufbaut, die immer viel Eifer, Freude und nicht zuletzt Sicherheit verbreiten. Zudem ist es ein großer Vorteil, dass sie meinen Entscheidungen immer zustimmen, viel Streit gibt es nicht. Wenn ich Redebedarf habe, sind sie eifrige Zuhörer, und ich glaube in der Tat, dass sie viel von dem verstehen, was wir fühlen. Ohne ein oder zwei Fellknäuel ist das Wanderngehen nicht mehr dasselbe, wobei ich die Rasse Alaskan Malamute am liebsten mag.

ALASKAN MALAMUTE

Alaskan Malamutes sind große, spitzähnliche Hunde. Ursprünglich kommen sie aus Alaska. Sie werden u. a. als Schlittenhunde eingesetzt, sind aber zu schwer und zu kräftig, um mit kleineren Huskyrassen konkurrieren zu können. Malamutes sind für gewöhnlich soziale Tiere, die Streicheleinheiten und Aufmerksamkeit lieben. Sie bellen nicht viel, heulen aber genauso wie Wölfe.

Als Wandergefährten sind sie ein Hauptgewinn, enorm ausdauernd und immer bereit, hinauszugehen. Malamutes brauchen viel Bewegung, weshalb der Besitzer Freude an viel körperlicher Aktivität haben sollte. Malamutes können u. a. Hundepacktaschen tragen, zum Skijöring sowie zum Ziehen von Kinderpulks oder Schlitten eingesetzt werden. Vor der Anschaffung muss man sich im klaren sein, dass sie sehr stark und mitunter schwer zu halten sind.

Malamutes haben starke Instinkte. Das gilt vor allem in Bezug auf Futter und andere Tiere. Es ist schwer, ihnen beizubringen, kein Essen zu stehlen. Malamutes müssen an der Leine geführt werden. Laufen sie frei, muss man gut aufpassen. Wittern sie andere Tiere, stellen sie ihnen gerne nach, da muss man in der Begegnung mit Weidetieren besonders aufmerksam sein. Malamutes können auch aggressiv gegenüber anderen Hunden sein, besonders jenen gleichen Geschlechts. Es ist wichtig, dass die Hunde als Welpen sozialisiert werden.

Malamutes haben dickes, zerzaustes Fell und überleben in extremer Kälte, weshalb es ihnen im Sommer mitunter auch zu warm wird. Das Fell braucht nicht viel Pflege, während des Fellwechsels müssen sie jedoch gebürstet werden. Es sind keine allergiefreundlichen Hunde. Malamutes können ganzjährig draußen leben und sind als Haushunde ungeeignet, auch wenn sie es zu schätzen wissen, ab und an einmal rein zu dürfen.

Leuten, die gern wandern und gern das ganze Jahr über unterwegs sind, empfehle ich einen Malamute. Es sind fantastische Hunde. Für mich tragen sie dazu bei, dass das Wandern als Ganzes noch besser wird.

WUNDE PFOTEN

Wunde Pfoten werden auf längeren Touren leicht zum Problem, weshalb die Pfoten regelmäßig eingecremt und auf scharfkantigen, harten Böden Hundesocken verwendet werden sollten. Bei wundgeriebenen Stellen sollten die Pfoten auch vor dem Anziehen der Hundesocken eingecremt werden. Dabei die Salbe gut zwischen den Trittballen verteilen. Neben Pfotensalben geht es auch mit Speiseöl.

Es ist wichtig, sich Zeit zu nehmen, das Befinden des Hundes richtig einzuschätzen. Er kann es nicht so leicht kommunizieren, wenn er Schmerzen hat. Man sollte niemals so viel einpacken, dass man nicht auch zusätzlich noch die Hundetasche tragen kann. Ist der Hund sehr erschöpft oder verletzt, hat er wundgeriebene Stellen, muss man die Hundetasche selbst tragen. Man muss auch mit extra Ruhetagen rechnen, falls dem Hund etwas zustößt. Nimmt man einen Hund mit auf Tour, ist es wichtig, dafür zu sorgen, dass es ihm mindestens genauso gut geht wie einem selbst.

KREUZOTTERBISS BEIM HUND

Wird der Hund von einer Kreuzotter gebissen, muss ein Tierarzt aufgesucht werden. Es ist wichtig, den Hund so gut wie möglich ruhig zu halten, um eine Ausbreitung des Gifts im Körper zu verhindern. Kleine Hunde sollten getragen werden, größere Hunde so ruhig wie möglich zur Transportstelle laufen. Bisse werden in der Regel mit der intravenösen Gabe von Flüssigkeit behandelt, um Schäden an Nieren, Leber und Herz zu verhindern.

Symptome für Bisse sind:
- lokale Schwellung
- schnelle Atmung
- Erbrechen
- Krämpfe
- Schock

(Quelle: http://www.vetsentrum.no/)

Kreuzotter-Tabletten enthalten Kortison. Sie wirken nicht als Gegengift, dämpfen jedoch die Symptome. Die Meinungen zu den Tabletten sind geteilt, viele Tierärzte empfehlen sie nicht. Kortison dämpft die Schwellung, erweitert aber die Adern, wodurch sich das Gift schneller im Körper ausbreitet. Vor einer Anschaffung der Tabletten empfiehlt es sich, den Rat eines Arztes einzuholen.

ZECKENBISS BEIM HUND

Auf dem letzten Abschnitt dieser Tour war Vega voller Zecken, bis ich ein Zeckenhalsband und ein Mittel bekam, das auf dem Fell an der Schwanzwurzel aufgetragen wird. Das hat die Zeckenplage deutlich vermindert. Auch Hunde können durch Zeckenbisse krank werden, weshalb das Fell täglich durchsucht und Zecken entfernt werden müssen. Ich habe eine spezielle Zeckenpinzette verwendet, die in Apotheken erhältlich ist.

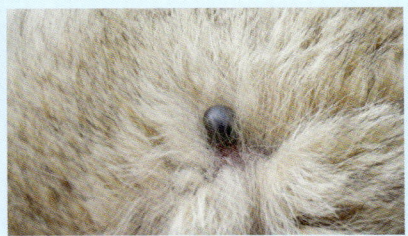

8. JULI TAG 18

LEBENDE FELSSTEINE

Der Nebel ist dick wie Brei und die Sicht ganz und gar erbärmlich. Den Weg zu finden, ist trotzdem kein Problem, da der Pfad gut ausgetreten ist. Was mich beunruhigt, sind die Moschusochsen. Das Letzte, was wir zu hören bekamen, bevor wir Kongsvoll verließen, war, dass wir ihnen garantiert begegnen würden. Ich bin gespannt, habe aber auch etwas Angst. Denn ich weiß, dass sie in diesem Moment 15 Meter entfernt stehen könnten, ohne dass ich sie sehe. Sich in diesem Wissen fortzubewegen, ist ziemlich unangenehm. Immer wieder halten wir inne, weil wir glauben, sie zu sehen, aber jedes Mal erweisen sie sich nur als große, unbewegliche Felssteine. Totak bringt uns dann doch noch auf andere Gedanken. Er ist überglücklich, Schnee zu sehen, und wälzt sich in jedem noch so kleinen Schneefleckchen. Dabei schafft er es fast immer, ein Bein im Nackengurt der Packtasche zu verhaken, und es ist immer eine Heidenaufregung, ihn wieder zu befreien.

Plötzlich kommen wir aus dem dicken Nebel heraus. Es ist, als würde man direkt durch eine Wand gehen. Vor uns ist die Sicht klar, und wir blicken auf einen Fluss hinunter. Am Ufer liegen zwei dunkle Felssteine. Erst als sie sich bewegen, wird mir klar, dass es Moschusochsen sind. Zum ersten Mal in meinem Leben sehe ich einen Moschusochsen, und ich bin froh, dass ich mich in sicherem Abstand befinde.

Die beiden hätten mir gereicht, aber je weiter wir ins Gebirge kommen, desto mehr werden es. Die meiste Angst habe ich, als ein riesengroßes Exemplar nur 50 Meter vor uns auftaucht. Er liegt still da, ich aber schwitze und schleiche schnell weiter. Ich fühle mich nicht recht wohl mit diesen Tieren überall um mich her. Insgesamt sehen wir an diesem Tag über dreißig Tiere, und ich träume heute Nacht garantiert von Moschusochsen. Hauptsache, ich begegne keinem, wenn ich alleine unterwegs bin. Mit einem riesigen Moschusochsen vor dem Zelt aufzuwachen, ist wohl kaum der beste Start in den Tag.

Das Wasser in dem kleinen Fluss vor der Hütte ist nicht wärmer als vier Grad. In der Uferzone liegt Schnee, weshalb das abendliche Bad heute besonders frisch ausfällt. Der norwegische Abenteurer Lars Monsen meint, es sei gesund, schmutzig zu sein, ich glaube, es ist auch nicht ungesund, sauber zu sein.

LARS MONSEN MEINT, ES SEI GESUND, SCHMUTZIG ZU SEIN; ICH GLAUBE, ES IST AUCH NICHT UNGESUND, SAUBER ZU SEIN.

Auf dem Weg von Kongsvoll nach Reinheim

Totak, erschöpft, nachdem er sich wie immer verausgabt hat.

Der Åmotdalsvatnet im Dovrefjell

9. JULI TAG 19

GUTE LAUNE BEI MISTWETTER

Heute ist nicht nur schlechtes Wetter, sondern richtiges *Mistwetter*. Es gießt in Strömen, und eiskalte Wassertropfen platschen uns ins Gesicht. Die heutige Etappe ist ein einziger großer, langer Steinhaufen, und die Steine sind glatt. Auch wenn die Laune top ist, ist es eine Erleichterung, als die Hütte endlich in Sicht kommt. Die Kälte ist durch die Kleidung gedrungen, alles ist klitschnass, und ich habe Hunger. In der Hütte finden wir leckere Suppe und Snacks. Wir hängen die Sachen über dem Holzofen zum Trocknen auf, und langsam aber sicher kehrt die Wärme in den Körper zurück. An solchen Tagen sind die DNT-Hütten Gold wert.

Gegen Abend klart es auf, und wir versuchen unser Glück in dem Fischgewässer in der Nähe der Hütte – erfolglos. Einen schönen Tagesausklang haben wir trotzdem, auch wenn ich traurig bin, dass unser letzter gemeinsamer Tag bald vorüber ist. Morgen kehren Mama, Papa und Totak in die Zivilisation zurück, während Vega und ich gen Westen weiterziehen. Im Augenblick fürchte ich mich etwas davor. Ich weiß, dass die kommenden Tage anstrengend werden, und ich habe keine Ahnung, was mich hinter dem nächsten Berg erwartet. Vielleicht weitere Moschusochsen? Die Zeit wird es zeigen.

> ICH HABE KEINE AHNUNG, WAS MICH HINTER DEM NÄCHSTEN BERG ERWARTET.

ICH FÜHLE MICH UNFASSBAR KLEIN, WIE ICH HIER IN DIESER MÄCHTIGEN NATUR STEHE, UND NOCH KLEINER, ALS ICH FRISCHE MOSCHUSOCHSEN-SPUREN QUERE.

Der Storgrøvudalsbotnen auf dem Dovrefjell. Im Hintergrund der Litlvatnet.

10. JULI TAG 20

VON WINTER ZU SOMMER AN EINEM TAG

Wieder muss ich Abschied nehmen, und dieses Mal betrübt es mich besonders tief. Ich kann nichts dagegen tun, es ist einfach so. Einzig der Wille treibt mich weiter. Ich muss mich erst einmal setzen, mich sammeln, Ich weiß, dass es mir mit Vega alleine eigentlich genauso gut geht. Der Wechsel macht mir so zu schaffen. Gleichzeitig zeigt es, wie viel mir meine Familie bedeutet. Jetzt gilt es, den schlimmsten Knacks zu überwinden.

Nachdem ich an meiner Motivation gearbeitet habe und von Vega getröstet wurde, nehme ich Kurs auf die Gebirgseinöde. Vor mir erhebt sich der majestätische Storskrymten, der höchste Gipfel Sør-Trøndelags. Ich muss nur den Blick heben, um zu wissen, dass uns harte Tage bevorstehen. Schneewehen, Eis, hochwasserführende Flüsse und hohe, unbekannte Berge erwarten uns. Ich fühle mich unfassbar klein hier in dieser mächtigen Natur, und noch kleiner, als ich frische Moschusochsenspuren quere. Der Pfad ist schneebedeckt, und ich befürchte, dass die Markierung zugeschneit ist. Die Flüsse folgen einer auf den anderen, und je weiter ich ins Gebirge komme, desto größer werden sie. Das, was kahle Felshänge sein sollten, ist von bedrohlich großen Schneemengen bedeckt. Es ist still; nicht ein Geräusch, das an Zivilisation erinnert. Auch kein Netz. Die negativen Gedanken kommen hoch: Was, wenn mich plötzlich ein Moschusochse angreift? Was, wenn ich hinfalle, ungünstig aufkomme und bewusstlos werde? Was, wenn unter dem Schnee, auf dem ich gehe, ein Fluss verläuft und der Untergrund plötzlich nachgibt? Ich werde fast verrückt, die Gedanken nagen in mir, und je mehr ich denke, desto schlimmer wird es. Ich versuche, mir vorzustellen, dass ich von einem unsichtbaren Schild beschützt werde. Dann fesselt ein Sechsfleck-Widderchen (ein Schmetterling) meine Aufmerksamkeit, und ich denke, dass es in der gewaltigen Landschaft noch kleiner ist als ich. Doch ungeachtet seiner Kleinheit scheint es keine Angst zu haben. Es lebt im Einklang mit allem, vielleicht ahnt es nichts von Gefahr, Leben oder Tod. Kann ich von ihm etwas lernen?

Ich klettere um gewaltige Felsblöcke herum und muss sehr achtgeben, nicht hinzufallen. Während die Gedanken in meinem Kopf umherschwirren, schleicht sich ein Nebelmeer heran, und binnen Minuten hat es mich eingeschlossen. Mir wird angst und bange, alles ist nur noch weiß. Unter den Füßen spüre ich deutlich, dass das, was eben noch flaches Gelände war, in steiles Gefälle übergeht. Lawinengefahr ist das erste, was mir in den Sinn kommt, und ich setze mich hin, um einen Blick auf Karte und GPS zu werfen. Das ist alles, woran ich mich orientieren kann, und wie ich sehe, liegen die Höhenlinien in dem Gebiet, in dem ich mich derzeit befinde, bedrohlich dicht. Vega geht langsam abwärts in die Richtung, die laut Karte die richtige ist. Sie rutscht, und ich packe sie, in Todesangst, sie aus den Augen zu verlieren. Mit dem GPS in der Hand bewege ich mich langsam den Abhang hinunter, während ich Vegas Halsband fest im Griff habe. Es wird immer abschüssiger.

Dann, völlig unerwartet, sind wir aus dem Nebel hinaus, und weiter unten am Abhang erblicke ich das rote T. Ich bin so froh und erleichtert. Wir sind wieder sicher.

Nach neun Stunden Wanderung schlage ich auf einer Grasfläche am Flussufer unser Lager auf. Das Wasser fließt ruhig dahin, während sich eine dünne Schicht aus Nieselregen und Nebel über uns legt. An einem Tag bin ich vom Winter in den Sommer gegangen, so etwas

ICH WERDE FAST VERRÜCKT, DIE GEDANKEN NAGEN AN MIR, UND JE MEHR ICH DENKE, DESTO SCHLIMMER WIRD ES.

Abmarsch von der Åmotdalshytta

habe ich noch nie zuvor erlebt. Über Satellitentelefon gebe ich Papa kurz Bescheid, dass alles in Ordnung ist. Dieser Tag war durchaus eine Prüfung für die Seele, aber glücklicherweise machen uns solche Herausforderungen stärker. Vor einem Jahr wäre das unvorstellbar gewesen. Da war ich das Mädchen mit Angst vor großen Tieren, Dunkelheit und allem Unbekannten. Jetzt sitze ich im Zelt mit Vega auf dem Schoß, und obwohl es draußen etwas unheimlich ist, genieße ich den Augenblick und fühle mich sicher.

VOR EINEM JAHR WÄRE ES UNVORSTELLBAR GEWESEN. DA WAR ICH DAS MÄDCHEN VOLLER ANGST VOR GROSSEN TIEREN, DUNKELHEIT UND ALLEM UNBEKANNTEN.

Dovrefjell

Schwere Etappe auf dem Weg ins Grøvudalen

AUSRÜSTUNGSLISTEN

Die Art der Ausrüstung ist abhängig von der Strecke, der Dauer, der Jahreszeit, vom Charakter der Tour sowie davon, was man selbst als notwendig erachtet. Nachfolgend findest du Vorschläge zur Ausrüstung für Tages- und Übernachtungstouren im Sommer und im Winter. Schätze selbst ein, was für deine Tour wichtig ist.

TAGESTOUR SOMMER

Für eine gelungene Sommertour brauchen wir nicht die beste Ausrüstung. Am wichtigsten sind wasserdichte Kleidung und gutes Schuhwerk sowie warme Sachen und ausreichend Essen. Mit der nachfolgenden Ausrüstung übersteht man, wenn nötig, gut und gerne eine Nacht im Freien. Für Tagestouren im Sommer, vor allem im Gebirge, eignet sich als Ausrüstung:

Kleidung
Wollslip
evtl. Woll-BH
Wolltrikot
Wollsocken
Wind- und mückendichte Jacke
Wind- und mückendichte Hose
Wanderstiefel

Extra Kleidung im Rucksack
Shorts
T-Shirt
Wolltrikot
Wollleggings
Wollsocken
Regensachen
Wollhandschuhe
Mütze
Schlauchtuch/Schal
Wollpullover/Fleecepullover

Ausrüstung
Trinkflasche
Essen und Snacks
Gaskocher/Campingkocher
Brennstoff
Kessel
Kesselhalter
Löffel
Tasse
Suppentasse
Messer/Taschenwerkzeug
Streichhölzer
Toilettenpapier
Sonnenbrille
Sonnencreme
Wasserfreie Vaseline/Lippenpflege
Mückenschutzmittel/Mückennetz
Karte, Kompass, evtl. GPS
Kartenmappe
Sitz-/Liegeunterlage
Kamera
Bargeld
Regenhülle für den Rucksack
Wasserdichte Packtaschen
Ein Rucksack mit Platz für alles

Für Mädchen
Binden, Tampons, Slipeinlagen usw.

Erste Hilfe
Sporttape
Blasenpflaster
Schmerztabletten
Magentabletten
Wundreinigungstücher
Wundsalbe
Pflaster
Mullbinden
Sterile Kompresse
Bandage
Stützbandage
Strips, kleine
Strips, große
Pinzette
Sicherheitsnadeln
Nähnadel und Faden

Sicherheit
Mobiltelefon
evtl. Windsack

TAGESTOUR WINTER

Die Liste bezieht sich vor allem auf Skitouren im Hochgebirge. Über der Baumgrenze kann man jeder Art von Wetter begegnen, weshalb die Sicherheitsausrüstung hier einen zentralen Platz einnimmt. Im Wald hingegen macht u. a. die Lawinenausrüstung keinen Sinn. Mit der nachfolgend aufgelisteten Ausrüstung kann man im schlimmsten Fall eine Nacht im Freien verbringen, falls man sich in den Schnee eingraben muss.

Kleidung
Wollslip
evtl. Woll-BH
Wolltrikot
Wollleggings
Wollsocken
Wind- und wasserdichte Jacke
Wind- und wasserdichte Hose
Schlauchtuch/Schal
Wollmütze
Fäustlinge
Gamaschen
Skischuhe

Extrakleidung im Rucksack

Wolltrikot
Wollsocken
Fäustlinge
Fingerhandschuhe (Wolle)
Sturmhaube
dicke Mütze
Schlauchtuch/Schal
Daunenjacke und/oder Daunenweste
warme Überziehhose
evtl. Wollpullover/Fleecepullover
evtl. Gesichtsmaske

Ausrüstung

Thermosflasche
Essen und Snacks
Campingkocher
Brennstoff
Kessel
Kesselhalter
Löffel
Tasse
Suppentasse
Messer/Taschenwerkzeug
Streichhölzer
Toilettenpapier
Slalombrille
Sonnenbrille
Sonnencreme
Wasserfreie Vaseline/Lippenpflege
Handwärmer
Karte, Kompass, evtl. GPS
Kartenmappe
Sitz-/Liegeunterlage
Stirnlampe mit vollen Batterien
Kamera
Bargeld
Skiwachs und Kratzer
evtl. Skifelle
Ski und Stöcke
Wasserdichte Packtaschen
Ein Rucksack mit Platz für alles

Für Mädchen

Binden, Tampons, Slipeinlagen usw.

Erste Hilfe

Sporttape
Blasenpflaster
Schmerztabletten
Magentabletten
Wundreinigungstücher
Wundsalbe
Pflaster
Mullbinden
Sterile Kompresse
Bandage
Stützbandage
Strips, kleine
Strips, große
Pinzette
Sicherheitsnadeln
Nähnadel und Faden

Sicherheit

Windsack
Lawinensuchgerät
Lawinensonde
Lawinenspaten
extra Skispitzen
Silbertape
Mobiltelefon
evtl. Reserveteile für den Campingkocher
evtl. dünner Schlafsack

ÜBERNACHTUNGSTOUR SOMMER

Die Sommerausrüstung ist viel leichter und weniger umfangreich als die Winterausrüstung. Diese Liste kann für Touren mit einer Übernachtung, aber auch für längere Touren genutzt werden. Ein Großteil der Ausrüstung wird sowohl bei kurzen als auch bei langen Touren benötigt. Nachschub braucht man u. a. an Essen und Brennstoff.

Kleidung

Wollslip
evtl. Woll-BH
Wolltrikot
Wollsocken
Wind- und mückendichte Jacke
Wind- und mückendichte Hose
Wanderstiefel

Extrakleidung im Rucksack

Shorts
T-Shirt
Wolltrikot
Wollleggings
ein Paar Wollsocken
Slips
Regensachen
Wollhandschuhe
Mütze
Schlauchtuch/Schal
Wollpullover/Fleecepullover
evtl. Fleecehose
evtl. Schuhe

Ausrüstung

Trinkflasche
Essen und Snacks
Gaskocher/Campingkocher
Brennstoff
Kessel
Kesselhalter
Löffel
Tasse
Suppentasse
Messer/Taschenwerkzeug
Sonnenbrille
Streichhölzer
Karte, Kompass, evtl. GPS
Kartenmappe
eine kleine Stirnlampe
extra Batterien
Kamera
Bargeld
Mückenschutzmittel/Mückennetz
Wasserdichte Packtaschen
Regenhülle für den Rucksack
Ein Rucksack mit Platz für alles

Für die Übernachtung

Zelt und/oder Tarp
Liegeunterlage
Schlafsack
Lakensack

Hygiene

Toilettenpapier
Sonnencreme
Zahnbürste
Zahnpasta
Nagelknipser
Wasserfreie Vaseline/Lippenpflege
Seife/Shampoo
evtl. Haarbürste und Haargummis

Für Mädchen

Binden, Tampons, Slipeinlagen usw.

Erste Hilfe

Sporttape
Blasenpflaster
Schmerztabletten
Magentabletten
Wundreinigungstücher
Wundsalbe
Pflaster
Mullbinden
Sterile Kompresse
Bandage
Stützbandage
Strips, kleine
Strips, große
Pinzette
Sicherheitsnadeln
Nähnadel und Faden

Sicherheit

Silbertape
extra Zeltstange und/oder Verbindungsteil
Mobiltelefon

ÜBERNACHTUNGSTOUR WINTER

Übernachtungstouren im Winter stellen größere Anforderungen an die Ausrüstung als Sommertouren. Die Ausrüstung muss warm sein und gut vor Wind und Wetter schützen. Diese Liste kann für Touren mit einer oder mehreren Übernachtungen genutzt werden. Der Großteil der Ausrüstung wird sowohl bei kurzen als auch bei langen Touren benötigt. Nachschub braucht man u. a. an Essen und Brennstoff. Ausgangspunkt der Liste sind Skitouren.

Kleidung

Wollslip
evtl. Woll-BH
Wolltrikot
Wollleggings
Wollsocken
Wind- und wasserdichte Jacke
Wind- und wasserdichte Hose
Schlauchtuch/Schal
Wollmütze
Fäustlinge
Gamaschen
Skischuhe

Extrakleidung im Rucksack

Wolltrikot
Wollleggings
zwei Paar Wollsocken
Slips
dicke Strickstrümpfe
Fäustlinge
Fingerhandschuhe
Sturmhaube
dicke Mütze
Schlauchtuch/Schal
Daunenjacke
warme Überziehhose
evtl. Fleecehose
evtl. Daunenweste
evtl. Gesichtsmaske
evtl. Winterstiefel

Ausrüstung

Thermosflasche
Essen und Snacks
Campingkocher
Brennstoff
Kessel
Kesselhalter
Löffel
Tasse
Suppentasse
Messer/Taschenwerkzeug
Slalombrille
Sonnenbrille
Streichhölzer
Karte, Kompass und evtl. GPS
Kartenmappe
Liegeunterlage
Stirnlampe
extra Batterien
Kamera
Handwärmer
Skiwachs und Kratzer
evtl. Skifelle
Ski und Stöcke
Wasserdichte Packtaschen
Ein Rucksack mit Platz für alles
evtl. Kinderpulk

Für die Übernachtung

Zelt und/oder Tarp
Liegeunterlage
Schlafsack
Lakensack
Kerzen

Hygiene

Toilettenpapier
Sonnencreme
Zahnbürste
Zahnpasta
Nagelknipser
Wasserfreie Vaseline/Lippenpflege
Nasenspray
Seife/Shampoo
evtl. Haarbürste und Haargummis

Für Mädchen

Binden, Tampons, Slipeinlagen usw.

Erste Hilfe

Sporttape
Blasenpflaster
Schmerztabletten
Magentabletten
Wundreinigungstücher
Wundsalbe
Pflaster
Mullbinden
Sterile Kompresse
Bandage
Stützbandage
Strips, kleine
Strips, große
Pinzette
Sicherheitsnadeln
Nähnadeln und Faden

Sicherheit

Lawinensuchgerät
Lawinensonde
Lawinenspaten
extra Skispitzen
Silbertape
extra Zeltstange und/oder Verbindungsteil
Mobiltelefon
evtl. Reserveteile für den Campingkocher
evtl. Windsack

11. JULI TAG 21

GRØVUDALEN

Am nächsten Morgen scheint die Sonne, und das Zelt gleicht einer Sauna. Das Frühstück ist in einer Minute verspeist, die kleine Portion taugt nicht viel bei einem hungrigen Magen. Als ich nach draußen schaue, vergesse ich, dass ich noch Hunger habe. Was für ein fantastischer Anblick. Wir sind umgeben von majestätischen Bergen, idyllischen weißen Wasserfällen und üppiger, in ein grünes Gewand gekleideter Natur. Ein Nebelschleier schwebt über den Gipfeln, und die Strahlen der Sonne lassen die Regentropfen auf dem Boden glitzern. Der blaue Fluss plätschert ruhig dahin, der Boden ist von gelben Sandkörnern bedeckt. Mir verschlägt es die Sprache, welch unglaubliche Pracht! Wie in einem Traum, fast zu schön, um wahr zu sein. Ich filme und knipse aus allen Winkeln. Dann nehme ich ein schnelles, erfrischendes Bad im Fluss und lege mich längelang auf die gelbe Unterlage. Das Gesicht zur Sonne gewandt. Ich schließe die Augen.

Ich entscheide mich für einen ruhigen Morgen und genieße es, dass endlich schönes Wetter ist. Beim Blick auf die Karte erweist sich die Grøvudalshytta als ein perfektes Tagesziel, nur gut drei Kilometer entfernt. Wir haben uns eine kurze Etappe verdient, ich muss die anstrengende Tour von gestern noch verdauen. Zudem sind Kleidung und Schuhe nach den vielen Flussdurchquerungen noch immer klitschnass, und es wäre gut, sie vor der Rückkehr ins Hochgebirge und in den Winter trocken zu bekommen.

Wir machen uns auf den Weg. Ich bin fröhlich und zufrieden, bis mir ein entsetzlicher Geruch in die Nase sticht. Es gibt keinen Zweifel. Das ist der Geruch eines Kadavers. Ohne weiter darüber nachzudenken, wandere ich mit Vega, die den Geruch lange vor mir gewittert hat, weiter in das prächtige Tal hinab.

In der Hütte treffe ich viele nette Leute. Ich bin erleichtert, ich mag nämlich nicht alleine drinnen schlafen. Ich habe entsetzliche Angst, alleine in einem Haus zu sein, und fühle mich draußen in einem kleinen Zelt sicherer. Wovor genau ich Angst habe, weiß ich nicht, es ist einfach so. Ich gehe direkt in die Speisekammer und finde zu meiner großen Freude eine Dose Mais. Der gefriergetrockneten Trekkingnahrung bin ich langsam überdrüssig. Ich vermisse Obst, Gemüse und anständiges Fleisch. Allein die Vorstellung, zum Abendessen gebratene Forelle zu essen! Mein Blick fällt auf die Angel, und ich beschließe, mein Glück in dem nahegelegenen kleinen Bergsee zu versuchen.

Trotz vieler aufschnellender Fische und hoher Erwartungen bleibt es bei einer kleinen Forelle von etwa 15 Zentimetern. Mit Butter und Salz in der Bratpfanne zubereitet, ist sie trotzdem gut, wenn auch das meiste Gräten sind. Schließlich zählt die Abwechslung.

Am Nachmittag fängt es wieder an zu regnen. Ich rufe zu Hause an und erhalte von Papa eine gänzlich unerwartete Nachricht: Vor wenigen Tagen war ein Bär im Grøvudalen und hat Schafe gerissen, in demselben Gebiet, in dem ich meinen Lagerplatz hatte. Das erste, woran ich denke, ist der Kadavergeruch, den ich wahrgenommen hatte, und mir läuft es kalt den Rücken herunter. Allein

‹ *Endlich im Grøvudalen, nicht wissend, dass in dem Gebiet eben erst ein Bär gesichtet worden ist.*

Fluss im Grøvudalen

die Vorstellung, dass der Bär in der Nacht an meinem Zelt vorbeigelaufen sein könnte! Gut, dass ich das gestern nicht wusste, da hätte ich Panik gekriegt. Papa hatte auch Kontakt zu dem Leiter der Aursjøhytta aufgenommen und erfahren, dass die Verhältnisse im Gebirge furchtbar schlecht sind. Der Plan ist schließlich doch, morgen bis zum Aursjøen zu kommen, aber beim Gedanken an die Wegverhältnisse und das Wetter, durch das ich mich gestern gekämpft habe, graut es mir gewaltig. Bisher sind in diesem Jahr nur zwei Leute zur Aursjøhytta gewandert, und die haben von viel Eis, Schnee und Wasser berichtet, obwohl es mitten im Sommer ist. Mit anderen Worten: Wir werden unterwegs wohl kaum auf Menschen treffen. Ich wate nicht gern durch Flüsse, wenn niemand anderes in der Nähe ist, außerdem ist die Tour übers Gebirge lang und anstrengend. Ich studiere die Karte genau, bevor ich den Wecker stelle. Wir müssen morgen früh aufbrechen.

Ich lege mich hin und versuche, nicht darüber nachzugrübeln, was mich oben im Gebirge wohl erwartet. Trotzdem gelingt es mir nicht, mich zu entspannen. Papas Stimme klang besorgt. Er hat wohl mindestens genauso viel Angst wie ich.

PAPAS STIMME KLANG BESORGT. ER HAT WOHL MINDESTENS GENAUSO VIEL ANGST WIE ICH.

12. JULI TAG 22

DURCH SCHNEE UND ÜBER FLÜSSE

Dann ist er da, der Tag, vor dem mir gegraut hat. Mühsam bewegen wir uns den steilen Abhang hinauf. Ich verwende einen Stock, um meine strapazierten Beine zu entlasten, trotzdem macht sich die Milchsäure bemerkbar. Das Wetter wechselt zwischen Regen und Nebel, und das Gebirge wirkt grau und trist. Zu meinem großen Schreck müssen wir an einem gerissenen Schaf vorbei, Fell und Körperteile liegen weit verstreut. Kein Zweifel, dass hier Raubtiere am Werk waren, und mich schaudert bei dem Gedanken an den Bären, der sich vielleicht ein weiteres Mal bedient hat. Rechter Hand fällt der Berg zum Fluss hin ab. Ich halte Vega gut fest.

Schließlich kommen wir im Hochgebirge an, das Gelände wird flacher und zeigt die winterliche Landschaft, die ich am liebsten gemieden hätte. Die erste Flussdurchquerung läuft gut. Wir kommen an frischen Spuren von Moschusochsen und Vielfraßen vorbei; Menschen sind nicht zu sehen. Ich schaue mich ständig um, aus Angst, dass plötzlich eine Herde Moschusochsen auf mich zugedonnert kommt. Bei jedem ungewöhnlichen Geräusch zucke ich zusammen, ängstige mich wie üblich jedoch mehr als nötig. Ich bin viel zu gut darin, die Vorstellung die Oberhand gewinnen zu lassen, und dass ich von jeher so ängstlich bin, macht alles nur noch schlimmer. Das gefällt mir nicht; zum Glück gibt mir das Satellitentelefon etwas Sicherheit. Ich weiß, dass Papa wegen dieser Strecke mindestens genauso besorgt ist wie ich selbst, daher rufe ich ihn an und gebe Bescheid, dass alles in Ordnung ist.

Wir müssen viele Bäche und Flüsse durchqueren, wobei der Wanderstock sehr gut zum Abstützen ist. Mit dem Stock überprüfe ich auch ständig, ob unter mir Wasser

> VIEL FREUDE IST AN EINEM TAG WIE DIESEM NICHT ZU FINDEN, ALLERDINGS IST ES DER GEGENWIND, DER EINEN STÄRKER MACHT.

Über das Gebirge zur Aursjøhytta

fließt. Es kann schnell gefährlich werden, falls ich einbreche, und wie sich zeigt, verläuft unter dem Schnee ein Fluss. Der Leiter der Aursjøhytta hatte vollkommen recht: Ich hätte bei solchen Wegverhältnissen nicht hier langgehen sollen. Die T-Markierungen gucken gerade so aus dem Schnee, der Pfad selbst ist nur selten zu sehen. Durch den Regen ist es zudem sehr glatt, die Luft ist eisig kalt, und die Bergstiefel sind klitschnass. Ich versuche einen kühlen Kopf zu bewahren und mich auf das Hier und Jetzt auszurichten. Zeitweise packt mich die Angst, aber es gelingt mir, sie unter Kontrolle zu halten. Viel Freude ist an einem Tag wie diesem nicht zu finden; allerdings ist es der Gegenwind, der einen stärker macht.

Mehrere Stunden stapfe ich durch winterliche Umgebung, bis das Gelände langsam abfällt. Laut Karte habe ich noch einen Fluss vor mir, den größten. Die Strömung ist reißend. Vega hat sich gut an die Durchquerungen gewöhnt, hier ist sie jedoch sichtlich skeptisch. Bis zur Hälfte des Flusses habe ich sie auf einen Stein gelockt, aber das Wasser umspült meine Beine. Sie steht lange da und weigert sich, bevor sie einen Satz macht, um an Land zu springen. Die Entfernung ist zu groß und sie rutscht in das eiskalte Wasser. Obwohl sie nie zuvor mit der Packtasche auf dem Rücken geschwommen ist, überwindet sie den Schock schnell. Sie schlägt sich sicher zum Ufer durch, während ich ruhig und konzentriert die tiefste Stelle durchquere. Die Füße wieder auf sicherem Grund, falle ich Vega vor Freude und Erleichterung um den Hals. Wir haben es geschafft! Jetzt kann ich Papa endlich eine Nachricht schicken und berichten, dass wir alle Flüsse überquert haben.

Die letzten Kilometer bis zur Aursjøhytta beißt die Kälte sich fest. Ich zittere, und der eisige Wind peitscht mir ins Gesicht, Dämmerung und Nebel hängen über uns. Es kommt mir wie eine Ewigkeit vor, bis wir die Hütte endlich erblicken. Ich bin ganz und gar durchgefroren, als ich die Tür öffne und mir die Wärme entgegenschlägt. Morgen ist Ruhetag.

13. JULI TAG 23

LUXUS IN DER AURSJØHYTTA

Ich bin noch immer erschöpft, körperlich und seelisch. Darum wird es heute ein ruhiger Tag. Die Betreiber der Aursjøhytta haben mich gut aufgenommen und mir beim Waschen der Sachen und dem Trocknen der Ausrüstung geholfen. Die Kleidung war so schmutzig, dass sie von alleine stand. Ich esse, so viel ich kann, obwohl schon das Abendessen gestern und das Frühstück heute phänomenal waren. Vega wird auch verwöhnt: Sie hat ein eigenes Hundebett bekommen. Das Fellknäuel liegt nun längelang im Schlafzimmer und scheint ganz einverstanden zu sein, nichts tun zu müssen. Sie ruht aus, wenn sie kann, und das ist gut. Ich studiere die Karte: Die Hälfte haben wir geschafft! Seltsam, wie schnell die Zeit vergeht. Haben wir nicht gerade erst das Kanu auf dem Käringsjön zu Wasser gelassen? Bevor ich zu dieser Reise aufgebrochen bin, hatte ich keine Ahnung, worauf ich mich einlasse. Wenn man zu Hause vor der Karte sitzt, sieht alles so spielend leicht aus, aber das ist es natürlich nicht. Ich muss ehrlich zugeben, dass die Tour bisher anstrengender war, als ich es mir vorgestellt hatte. Bis jetzt hatte ich zum Beispiel nur drei Tage ganz ohne Regen. Und auch für morgen ist wieder Regen angesagt.

Die Aursjøhytta im Dovrefjell

DIE HÄLFTE HABEN WIR GESCHAFFT!

PFANNENBROT

Selbstgemachtes Brot ist eine großartige Speise für unterwegs. Die Zubereitung ist leicht und erfordert relativ wenig Zeit. Man braucht lediglich eine Mehlmischung und etwas Butter, was leichter zu tragen ist als ein fertiges Brot. Dieses Rezept ist hauptsächlich für das Backen in der Pfanne gedacht, der Teig eignet sich aber auch gut für Stockbrot. Oder man backt das Brot auf einer Steinplatte über dem Lagerfeuer. Gut schmeckt es mit Schinken als Auflage.

ZUTATEN (2-3 PERSONEN)

1 TL Natron oder Backpulver
½ TL Salz
2 TL Zucker
ca. 300 g Weizenmehl
ca. 100 g grob gemahlener Weizen
2 TL Milchpulver (kann weggelassen werden)
20 ml Wasser
Butter
evtl. Auflage

VORARBEIT

Alle trockenen Zutaten vermischen und die Mischung in einen dichten Behälter oder in eine Tüte geben.

ZUBEREITUNG

Der Mischung Wasser hinzufügen. Kneten, bis ein fester, ebenmäßiger Teig entsteht.

Eine gute Portion Butter in der Bratpfanne schmelzen lassen. Die Hälfte des Teigs in die Pfanne geben und gleichmäßig darin verteilen.

Den Teig bei mittlerer Hitze in der Pfanne backen und regelmäßig wenden, bis das Brot durchgebacken ist. Erneut Butter in die Pfanne geben, und dasselbe mit dem restlichen Teig wiederholen.

Das Brot in Stücke teilen und mit der gewünschten Auflage versehen. Das Brot kann auch ohne Auflage gegessen werden.

TACO AUF DEM LAGERFEUER

Taco gehört in Norwegen für viele zu den Annehmlichkeiten des Wochenendes. Warum das ganze nicht mit auf Tour nehmen und ausnahmsweise mal die Würstchen ersetzen? Das ist ein einfaches und unkompliziertes Rezept für die Zubereitung von Taco über dem Lagerfeuer.

ZUTATEN (4-5 PERSONEN)

600 g Hackfleisch
2 Packungen Tacofladen
1 Packung Tacopulver
wahlweise Gemüse, zum Beispiel Salat, Gurke, Zwiebel, Mais und Paprika
1 Becher Sauerrahm
Tacosauce
geriebener Käse
2 Knoblauchzehen
nach Wunsch weitere Zutaten

VORARBEIT

Es lohnt sich immer, möglichst viel Vorarbeit zu Hause zu erledigen. Man ist oft hungrig, wenn man am Lagerplatz ankommt, und da ist es von Vorteil, wenn die Essenszubereitung nicht so viel Zeit in Anspruch nimmt. Schneide den Salat, die Gurke und die anderen Zutaten für das Taco klein und verpacke alles in Dosen. Das Hackfleisch kann bereits vorab gebraten werden, sodass es später nur noch aufgewärmt werden muss. Das richtet sich ganz danach, wie viel Zeit man für die Essenszubereitung unterwegs aufwenden möchte.

ZUBEREITUNG

Stell die Dosen mit dem Salat, dem Käse, dem Sauerrahm und die Tacosauce bereit sowie die anderen Sachen, die du von zu Hause mitgenommen hast.

Falls du das Hackfleisch nicht bereits vorab gebraten hast, brate es in der Pfanne. Ist das Fleisch durchgebraten, können Wasser, Tacopulver und eventuell etwas Knoblauch hinzugegeben werden.

Während das Fleisch köchelt, organisiert sich jeder einen Stock. Hängt die Tacofladen über die Stöcke und haltet diese direkt über die Flammen. Es dauert nicht lange, bis sie heiß und zum Verzehr bereit sind.

Nimm die Bratpfanne vom Feuer, lass sie aber in der Nähe des Feuers stehen, damit das Essen nicht kalt wird. Fülle die Fladen mit den verschiedenen Zutaten, und fertig ist das Essen!

PIZZA AUF DEM LAGERFEUER

Pizza ist vielleicht nicht das erste, woran man bei Essen unterwegs denkt, dabei sorgt der Dauerbrenner sowohl bei den Kleinen als auch bei den Großen für gute Laune. Es ist genauso gut möglich, selbstgemachte Pizza mitzunehmen, gern in kleinerer Ausführung, was jedoch mehr Aufwand und Vorarbeit erfordert. Gut geeignet ist auch Pizza Calzone, da sie gewendet und von beiden Seiten gebacken werden kann.

Die größte Herausforderung für die Zubereitung von Pizza auf dem Lagerfeuer besteht darin, eine geeignete Steinplatte zu finden. Auf Lagerplätzen, die man oft besucht, kann man eine Steinplatte hinterlegen. Sonst könnte es etwas schwierig sein, aber eine Lösung findet sich immer. Findet man keine Platten, die groß genug für die ganze Pizza sind, kann man die Pizza teilen und sie auf kleineren Steinplatten backen. Zur Sicherheit empfiehlt es sich, Alufolie mitzunehmen, dann kann man die Pizzastücke in Folie einpacken und auf das Feuer legen.

ZUTATEN

Fertigpizza, am besten nicht zu groß und mit einem dünnen Boden. Dann ist sie schneller gebacken und leichter zu handhaben.

ZUBEREITUNG

Sorge dafür, dass ein großer Haufen Glut vorhanden ist, bevor du loslegst.

Die Steinplatte auflegen. Man sollte die Platte nicht direkt auf die Glut, sondern auf die Steine drumherum legen. Da bekommen die Flammen Luft, und es ist einfacher, während des Backens Feuerung nachzulegen.

Ist die Platte heiß genug, kannst du die Pizza darauflegen.

Lege regelmäßig trockenes Brennholz auf das Feuer unter der Platte; es ist wichtig, dass sie heiß bleibt.

Achte darauf, dass die Flammen über und um die Pizza herum nicht zu hoch werden, sonst brennt sie an.

Behalte den Boden im Blick, der verbrennt nämlich schnell und wird dann schwarz.

Zum Schluss empfiehlt es sich, die Pizza in kleine Stücke aufzuteilen und diese einige Minuten liegen zu lassen. Solange die Flammen nicht zu hoch sind, kann die Steinplatte dabei auf dem Lagerfeuer liegen.

Iss die Pizza direkt von der Platte oder verwende zwei dicke Zweige oder Lagerfeuerhandschuhe, um die Platte vorsichtig auf den Boden zu setzen. Ist man unvorsichtig, kann die Platte bersten und kaputtgehen.

RENTIEREINTOPF

Rentiereintopf ist ein nahrhaftes und leckeres Essen, das sich einfach zubereiten lässt. Dieses Gericht kann sowohl auf dem Campingkocher als auch auf dem Lagerfeuer zubereitet werden und eignet sich sehr gut als Essen für unterwegs.

ZUTATEN (2 PERSONEN)

400 g geschnittenes Rentierfleisch
½ Zwiebel (rot oder gelb)
2 Knoblauchzehen
1 Dose Mais (ca. 340 g)
150 ml Sahne
Butter
Salz und Pfeffer
Wildkräuter (Wacholderbeeren, Thymian, Oregano)

Wacholderbeeren und Oregano findet man mitunter am Rastplatz.

ZUBEREITUNG

Fleisch, Knoblauch und Zwiebel in einem Kessel in Butter braten.

Wenn das Fleisch durchgebraten ist, Mais und Sahne hinzufügen. Gewürze hinzufügen.

Das ganze etwa fünf Minuten kochen lassen.

* Da Rentierfleisch in Deutschland schwer zu bekommen ist, kann man hier natürlich auch ein anderes Fleisch nehmen.

APFEL MIT ZUCKER UND ZIMT

Will man sich etwas Besonderes gönnen, empfiehlt sich ein warmes Dessert. Äpfel mit Butter, Zucker und Zimt lassen sich auf dem Lagerfeuer leicht zubereiten und schmecken zudem unglaublich gut.

ZUTATEN (1 PERSON)

1 Apfel
Butter
Zucker
Zimt

ZUBEREITUNG

Schneide den Apfel durch und entferne das Gehäuse.

Gib auf beide Hälften etwas Butter und streue Zucker und Zimt darüber.

Packe die Hälften jeweils in ein Stück Alufolie und lege sie auf das Lagerfeuer.

Warte einige Minuten, bis die Apfelhälften weich sind und die Butter geschmolzen ist.

Die Folie auseinanderfalten und die Apfelhälften mit einem Löffel essen.

BANANE MIT SCHOKOLADE

Banane mit Schokolade ist ein beliebtes Lagerfeuerdessert. Mit Alufolie ist es leicht zuzubereiten.

ZUTATEN (1 PERSON)

1 Banane
Schokolade

ZUBEREITUNG

Die Banane der Länge nach einschneiden.

Den Spalt komplett mit Schokoladenstückchen auslegen.

Die Banane in Alufolie einwickeln und auf das Lagerfeuer legen.

Einige Minuten warten, bis die Banane weich und die Schokolade geschmolzen ist.

Die Folie auseinanderfalten und die Banane mit einem Löffel essen.

14. JULI TAG 24

AB IN DIE DUNKELHEIT

Als ich mich winkend von den netten Leuten in der Aursjøhytta verabschiede, platscht der Regen auf den Schotter. Der Plan ist, dem Weg einige Kilometer zu folgen, bis ich mich erneut in die ungemütliche Winterlandschaft hinaufbegebe, um nach Bjorli zu kommen. Leider weiß ich nur allzu gut, was mich im Hochgebirge erwartet. Schon beim Gedanken daran packt mich die Angst. Das Gebirge ist so gut wie menschenleer, dort oben wird also niemand einen Hilferuf hören.

Ich singe alle Lieder über Sonnenschein, die mir einfallen, und versuche, die Gedanken von dem strömenden Regen und der gefürchteten Etappe abzulenken. Eisiger Wind dringt durch die kleinste Öffnung und beißt sich in der Haut fest, deshalb singe ich besonders laut in der Hoffnung, dass die Wettergötter mich hören. Am Wegesrand liegt Schnee: Es stimmt nicht, dass es kein schlechtes Wetter gibt. Der Trost ist, dass es nicht viel schlimmer als jetzt werden kann, auch wenn der Gedanke nicht gerade aufmuntert. Wo ist der Sommer, wenn ich ihn am meisten brauche?

Ein Stück vom Wegesrand entfernt steht eine kleine Hütte. Sie ist mit Drahtseilen am Boden befestigt, die Wände sind grau und verrottet. Zum Spaß gehe ich hin. Kein Schloss? Herrlich! Drinnen stehen ein heruntergekommener, rostiger Holzofen und eine Sitzbank. Der Platz reicht gerade für Vega und mich, aber besser, als das Mittagessen draußen im Regen zu verzehren – ein kleiner Lichtblick an einem sonst tristen grauen Tag.

Der platschende Regen ist in Sprühregen übergegangen. Gleich sind wir da, an der Grenze zwischen Weg und Pfad, zwischen Sommer und Winter. Ein letztes Mal hole ich die Karte hervor, in einem beherzten Versuch, Alternativen zu finden. Ein Blick nach oben, und der Magen krampft sich zusammen. Dicker Nebel, höchstens zehn Meter Sicht. Ich bin völlig verzweifelt; die Tränen bahnen sich ihren Weg. Ich setze mich an den Wegesrand, nehme Vega in den Arm und denke, dass ich nicht dort hinaufgehen will. Ich wünschte wirklich, ich wäre etwas draufgängerischer. Aber das ist vielleicht der dümmste Gedanke im Laufe der Tour bisher. Soll ich wirklich da hinaufgehen, wenn ich nicht will? Ist nicht die Sicherheit das wichtigste?

Der Weg schlängelt sich nach Eikesdalen hinab, fast in die entgegensetzte Richtung zu Bjorli. Diesmal kann ich wohl meinem Instinkt folgen. Das wird zwar ein langer Umweg: Ich muss mit mindestens einem Tagesmarsch extra rechnen. Trotzdem ist alles besser, als auf der geplanten Route zu bleiben, umgeben von Schnee und Wasser; und wer weiß, vielleicht lohnt es sich, auf das Bauchgefühl zu hören.

Ich bin zufrieden und wittere keine Gefahr, als ich plötzlich vor einer riesigen schwarzen Höhle stehe. Ich bekomme einen gewaltigen Schreck; das hatte ich auf der Karte übersehen! Der Weg verschwindet in einem schmalen, dunklen Tunnel, und das vor mir, die ich Angst im Dunkeln habe! Ich werfe einen Blick auf die andere Seite der Leitplanke, aber dort ist es abschüssig, dort kann ich also nicht entlang. Ich schalte die Stirnlampe ein. Natürlich ist die Batterie fast leer, die Lampe leuchtet nur noch schwach. Ich hole tief Luft und gehe vorsichtig ein paar Schritte in den Berg hinein. Zehn Meter weiter sehe ich vor mir nichts mehr, ich bleibe stehen. Ich kann hier nicht weitergehen. Das ist doch dunkel wie in einem Sack. Da ertönt plötzlich ein Geräusch. Das Herz schlägt mir bis

WILL MAN SEINE
ÄNGSTE LOSWERDEN,
DANN MUSS MAN SICH
IHNEN STELLEN.

Die Freude ist groß, als sich herausstellt, dass das heutige Mittagessen drinnen zubereitet werden kann.

zum Hals, und ich spurte wieder nach draußen. Ich traue mich nicht hinein, dort drinnen ist es stockdunkel. Lange überlege ich: Was soll ich tun? Ich habe keine andere Wahl, als mich zusammenzureißen und hindurchzugehen. Ich hole mein Handy heraus, um mehr Licht zu haben. Ich werde mich dem stellen, wovor ich die größte Angst habe: der Dunkelheit. Ich will nicht, aber gleichzeitig weiß ich, dass das direkte Zugehen auf das, wovor man sich am meisten fürchtet, die einzige Möglichkeit ist, die Angst zu überwinden. Los geht's! Mit entschlossenen Schritten bewege ich mich vorwärts. Ich schaue mich erst um, als ich ganz von der Schwärze umgeben bin. Jetzt hat es so oder so keinen Sinn umzukehren. Es ist eine ganz entsetzliche Stille hier drinnen, sie nimmt den Raum ein. Alles was ich höre, ist tropfendes Wasser, das auf den harten Fels trifft. Meine Schritte erzeugen ein Echo, und ich schrecke zusammen, als ich fast vor eine Wand laufe. Das Licht trifft auf etwas, das wie eine dunkle Gestalt aussieht, und die Angst verstärkt ihren Griff. Es ist nur die Wand. Leicht gekrümmt beuge ich mich vor und drehe mich um, aber egal, wohin ich mich wende, ich sehe nichts als Dunkelheit. Meine große Angst ist überall. Das ist grausam. Es ist, als wolle der Berg mich verschlingen. Ich gehe weiter, immer schneller, die Panik dicht auf den Fersen. Kommt nicht bald der Ausgang? Dann sehe ich hinter der Kurve endlich Licht und fühle mich sofort um zwanzig Kilo leichter. Siegreich trete ich aus dem Tunnel. Ich habe es geschafft! »Ich verwette meinen Haferbrei darauf, dass ich mehr Angst hatte als du, Vega«, sage ich zu dem Fellknäuel, das ein wenig verwirrt dreinblickt.

Abgesehen davon, dass ich die Kamera an einem Abhang fallen ließ, die Spitze der Angel abbrach und mich eine wütende Kuh 200 Meter weit gejagt hat, verlief die Tour zum Eikesdalsvatnet eigentlich ganz gut. Die 33 Kilometer auf hartem Boden haben den Beinen trotzdem zu schaffen gemacht, das letzte Stück zum Eikesdalen Camping war die reinste Schmerzhölle. Hätte die herrliche Natur nicht meine Aufmerksamkeit in ihren Bann gezogen, wäre ich die letzten Kilometer vermutlich gekrochen. Ich bin völlig erschöpft. Ich habe eine Campinghütte gemietet, und meine größte Sorge ist, dass ich mit Vega hier drinnen ganz alleine schlafen muss. Ich habe so eine Angst, alleine in einem Haus zu sein, das ist kaum vorstellbar. Ich habe noch nicht einmal alleine in meinem Elternhaus übernachtet. Aber es wird schon gutgehen. Wie schon im Tunnel denke ich: Will man seine Ängste loswerden, dann muss man sich ihnen stellen. Vielleicht ist es gar nicht so schlimm?

DAS GEBIRGE IST SO GUT WIE MENSCHENLEER, DORT OBEN WIRD ALSO NIEMAND EINEN HILFERUF HÖREN.

Auf dem Weg von der Aursjøhytta hinunter ins Eikesdalen

15. JULI TAG 25

DEN KOPF VOLLER GEDANKEN

Wie befürchtet, ist der Zustand meiner Beine heute nicht sonderlich viel besser, und ich habe keine Wahl: Ich muss noch einen Tag im Eikesdalen bleiben. Aber ehrlich: Das macht überhaupt nichts! Hier habe ich nämlich einen Fernseher und die Möglichkeit, wirklich zu entspannen. Der einzige Nachteil ist, dass es hier kein Lebensmittelgeschäft gibt, was im Hinblick auf meinen Proviantbeutel nicht gut ist, denn der ist mittlerweile besorgniserregend verschlankt. Die Süßigkeiten sind schon lange alle, und der letzte Rest Kakaopulver wird, wie ich mich kenne, im Laufe des Tages verschwinden. Ich habe einen großen Fehler gemacht und zu wenig Essen eingerechnet. Außerdem esse ich jetzt mehr, als ich es vor zwanzig Tagen getan habe, mittlerweile brauche ich viel, um satt zu werden. Als ich meinen Kopf in den Proviantbeutel stecke, finde ich zu meiner großen Freude eine kleine Portion Mehlmischung. Ich stürze mich sofort auf die Bratpfanne, und es dauert nicht lange, bis ein flacher Teig in gelber Butter schmort. Etwas Besseres als selbstgemachtes Pfannenbrot zu Mittag gibt es kaum, und ich bin recht zufrieden, als meine Kochkünste sich ausnahmsweise einmal als erfolgreich erweisen. Das ganze wird nicht schlechter, als eine Mitarbeiterin des Campingplatzes mit Erdbeermarmelade und Schokoladenkuchen vorbeikommt. Was für ein Luxusessen!

Im Laufe des Vormittags habe ich von zu Hause einen sehr traurigen Anruf erhalten. Anne Lise, Papas Tante, ist in der vergangenen Nacht gestorben. Auch wenn ich wusste, dass sie ernsthaft krank war, ist die Nachricht ein Schock. Sie hatte den Mut und den Humor so lange behalten und so tapfer gekämpft, und doch hatte der Krebs die Oberhand gewonnen, und jetzt ist sie tot. Die Welt ist ungerecht. Allein, wenn man bedenkt, dass ein so fantastischer Mensch so sehr leiden musste. Das ist grausam. Und es lässt mich denken, wie wichtig es ist, das Leben, das man hat, zu genießen; niemand weiß, was morgen geschieht. Man muss seine Träume leben, solange man die Möglichkeit dazu hat, und wir, die wir gesund sind und in der Lage, unseren Träumen zu folgen, haben alle etwas, das es zu schätzen gilt.

Ruhe in Frieden, liebe Anne Lise. Wir haben nun einen hübschen Engel unter uns.

Auf dem Weg vom Eikesdalen ins Gebirge hinauf

RUHE IN FRIEDEN,
LIEBE ANNE LISE.
WIR HABEN NUN
EINEN HÜBSCHEN
ENGEL UNTER UNS

16. JULI TAG 26

EKLIGES KLEINES UNGEZIEFER

Weiter geht's. Das Wetter ist herrlich, angenehm warm. Ich folge dem augenscheinlich nicht viel genutzten Pfad. Er ist von Gebüsch und Gestrüpp überwachsen. Der Rucksack verheddert sich in Ästen, Zweige schrammen meine nackten Arme auf. Das Gras ist meterhoch, zeitweise verschwinden Vega und der Pfad zwischen all der Vegetation. Das alles erinnert an eine Tour durch den Dschungel. Auf allen Pflanzen und Büschen sitzen spinnenähnliche Krabbeltiere. Die kleinen Biester sind überall. In Vegas Fell wimmelt es nur so davon. Unaufhörlich krabbeln sie über meine Arme, aber ich beruhige mich damit, dass kleine, unschuldige Spinnen unmöglich großen Schaden anrichten können.

Der Pfad führt zu einem steilen Berghang, und als ich zum Gipfel emporschaue, habe ich meine Zweifel. Ist es wirklich möglich, dort hinaufzukommen? Um das herauszufinden, muss man es auszuprobieren. Ich finde Spuren roter Farbe von einer DNT-Markierung und gehe bergauf. Die Milchsäure in meinen Beinen nimmt wieder überhand; der Aufstieg gleicht dem Versuch, mit angezogener Handbremse Auto zu fahren. Ich muss oft innehalten, am besten, bevor die Krämpfe einsetzen. Der übrige Körper kommt immer besser in Form, doch meinen Beinen geht es von Tag zu Tag schlechter.

Je höher ich komme, desto ergriffener bin ich von der Aussicht. Wasserfälle, hohe Berge, üppige Natur, der langgestreckte Eikesdalsvatnet, und, um dem Ganzen die Krone aufzusetzen, ein prächtiger Regenbogen. Ein Postkartenidyll.

Und: Ich bin hochgekommen. Auf 2,5 Kilometern bin ich von 100 auf 1000 Meter Höhe gewandert. Zum ersten Mal habe ich mich wie eine echte Gebirgsziege gefühlt. Auf jeden Fall bin ich froh, dass ich nicht denselben Weg wieder hinunter muss.

Wie geplant, kommen wir auf einem Schotterweg heraus. Der soll uns über das Gebirge und hinunter zur Europastraße führen. Die Etappe ist sehr lang. Außerdem lässt der Proviant zu wünschen übrig; er reicht nur noch für eine sättigende Mahlzeit. Dass unterwegs das Essen ausgeht, ist eine der schlimmsten Sachen, die passieren können, und ich bin allein selbst dafür verantwortlich. An unvorhergesehene Ereignisse, etwa Umwege oder einen zusätzlichen Ruhetag, hätte ich vorher denken müssen.

Nach einem langen Tag schlage ich unweit des Weges mein Lager auf. Wir sind gerade ins Zelt gekrochen, als eine Ostnorwegerin wie ich den Schock ihres Lebens bekommt: Das, was ich für kleine, harmlose Spinnen hielt, ist zu großen, blutsaugenden Zecken mutiert! Sie sitzen überall auf Vega, und ich, die in ihrem ganzen Leben kaum eine Zecke gesehen hat, bekomme einen gewaltigen Panikanfall. Ich zerre Vega aus dem Zelt und reiße mir die Klamotten vom Leib. Überzeugt, dass auch ich voll von diesen ekligen achtbeinigen Geschöpfen bin, bereite ich mich auf das Schlimmste vor. Zu meiner großen Erleichterung finde ich an mir keine einzige. Gott sei Dank! Sonst wäre ich vermutlich völlig ausgeflippt. Trotzdem komme ich nicht zur Ruhe. Ich schüttele die komplette Ausrüstung aus und versuche so gut es geht, Vegas

< *Der Mardalsfossen im Eikesdalen bietet einen schönen Anblick.*

Üppige Natur rahmt den Eikesdalsvatnet ein.

zerzaustes Fell von Zecken zu befreien. Sie versteht nicht, warum ich scheinbar den Verstand verloren habe, legt sich aber in der Hoffnung auf ein paar Streicheleinheiten gehorsam mit dem Bauch nach oben hin. Danke für die Hilfe!

In diesem Moment fühle ich mich erbärmlich, wie ich hier mit einem Bärenhunger im Zelt liege und nach Zecken suche. Ich bilde mir ein, dass sie in den Schlafsack gekrabbelt sind, obwohl ich den schon mehrfach durchsucht habe. Ich vermisse meine Familie. Ich vermisse das selbstgekochte Essen meiner Mama und meiner Omas. Kann nicht morgen unten an der Hauptstraße eine Tankstelle sein, wo es Schinkenwürstchen, Kirschmilch, Schokolade, Mineralwasser und unendlich viel mehr gibt? Bitte! Ich bin so hungrig, dass es überall wehtut. Positiv denken, positiv denken, positiv denken!!! Ah, ich will *essen*!

JE HÖHER ICH KOMME, DESTO ERGRIFFENER BIN ICH VON DER AUSSICHT.

POSITIV DENKEN, POSITIV DENKEN,
POSITIV DENKEN!!!
AH, ICH WILL *ESSEN*!

Von einem Rentiergeweih lässt sich Vega nicht beeindrucken.

> ZUM ERSTEN MAL HABE ICH MICH WIE EINE ECHTE BERGZIEGE GEFÜHLT.

Auf dem Weg vom Eikesdalen zum Tafjordfjella

17. JULI TAG 27

STEAK MIT SAUCE BÉARNAISE

In der Nacht liege ich wach und fantasiere über gigantische Zecken, während mein Magen vor Hunger rumort. Am Morgen verschlinge ich die winzige noch vorhandene Portion Müsli wie ein hungriger Wolf. Seit mehreren Tagen muss ich schon am Essen sparen und konnte mich nicht richtig satt essen. Als die Sachen gepackt sind und ich aufbrechen will, habe ich schon wieder Hunger. Das Mittagessen muss geschont werden, und ich beschließe, es nicht anzurühren, bis ich nicht die letzten Kilometer zur Straße hinunter zurückgelegt habe.

Die Stunden vergehen, und die Kraft schwindet. Ich bin völlig ausgelaugt, zittere, und die Enttäuschung ist groß, als es die Tankstelle, von der ich geträumt habe, nicht gibt. Am liebsten würde ich mich einfach nur hinlegen, aber zum Glück hebt das geschonte Mittagessen die Laune etwas. Allerdings bewirkt es keine Wunder, denn schon nach wenigen Minuten bin ich hungriger als zuvor. Doch es gelingt mir, mich bei Laune zu halten: Am Nachmittag erwarte ich Besuch von meiner Schwester Anna und Mama. Mama hat versprochen, ganz viel gutes Essen mitzubringen. Ich kann es kaum erwarten.

Der Weg zu unserem Treffpunkt ist wirklich lang. Ich muss mich die ganze Zeit über darauf konzentrieren, den Körper in Schach zu halten, denn dürfte der bestimmen, würde er sich einfach in den Straßengraben legen. In solchen Situationen ist es wichtig, an etwas anderes als an den Hunger zu denken. Positives Denken bedeutet alles, wenn sich die Dinge schwierig gestalten. Später kann ich auf Stunden wie diese zurückblicken und denken, wie gut

Der Sandgrovbotnen
zwischen dem Eikesdalen und dem Tafjordfjella >

ich es für gewöhnlich habe. Es sind Tage wie diese, an denen man das meiste lernt.

Endlich sehe ich zwei bekannte Gestalten. Sie laden Einkaufstüten aus dem Auto mit Fleisch, Gemüse, Saft, Schokolade, Obst, Brot und viel Aufschnitt, von dem ich fast vergessen hatte, dass es ihn gibt. Es ist wunderbar, sie wiederzusehen: Vega und ich, wir freuen uns riesig. Wir essen sofort, und es ist unbeschreiblich, wie herrlich es ist, sich wieder richtig sattessen zu können. Innerhalb kurzer Zeit steigen die Energie und die Laune von Null auf Hundert. Wir packen die Rucksäcke mit Essen voll, und jeder bekommt eine ordentliche Last auf den Rücken. Mir macht das nichts aus; ich genieße es, während ich durch die glühende Sonne laufe und zuhöre, was sie von zu Hause zu erzählen haben. Es sind sieben Kilometer bis zur Pyttbua, und Annas Mund steht keine Minute still. Ihnen scheint es in Hadeland recht gut zu gehen!

Wir kommen bei der DNT-Hütte an. Hier werden wir zwei Nächte lang bleiben, was bedeutet, dass ich mich zu jeder Mahlzeit pappsatt essen kann. Zum Abendessen zaubern wir ein Festmenü bestehend aus Steak, Gemüse, Sauce Béarnaise und Kartoffelpüree. Ich kann versichern, dass es noch nie so gut geschmeckt hat – mit ordentlich Fleisch. Das war noch besser als in meiner Fantasie gestern Abend im Zelt.

EINWEGGRILL

Einweggrills sind eine einfache Möglichkeit zur Essenszubereitung, allerdings nicht unweltfreundlich! Zudem ist ihre Verwendung in Innenräumen und im Zelt lebensgefährlich. Der Grund ist Kohlenmonoxid. Selbst bei guter Belüftung darf ein Einweggrill nie im Zelt aufbewahrt werden. Auch nachdem er gelöscht wurde, können noch lebensgefährliche Gase austreten. Mein Tipp: Einweggrills komplett vermeiden und besser einen Campingkocher, einen Gaskocher oder das Lagerfeuer nutzen.

WAHL DES ZELTPLATZES – SOMMER

Die Wahl des Zeltplatzes ist wichtig für einen guten Schlaf. Das erste, woran man denken sollte, ist der größtmögliche Schutz vor Wind. Im Wald ist das selten ein Problem, anders in offenen Bereichen und im Hochgebirge. Viel Wind kann schnell zu unangenehm viel Lärm führen. Im schlimmsten Fall können Zeltstangen brechen oder das Zelt zerstört werden. Befestige das Zelt gut mit Leinen und lege die Zeltöffnung auf die Leeseite, wenn du das Lager bei viel Wind aufschlagen musst.

Zudem sollte das Lager in der Nähe eines Sees oder eines Baches aufgeschlagen werden. Das spart viel Zeit beim Wasserholen. Der Untergrund ist im Idealfall ganz flach, trocken, weich und frei von scharfen Steinen, die Löcher in die Bodenplane des Zeltes reißen könnten. Meide Sumpfgebiete und Senken, Letztere können sich bei einsetzendem Regen zu einem Schlammloch entwickeln.

Will man ein Lagerfeuer entzünden, ist es von Vorteil, ausreichend Brennholz in der Nähe des Zeltplatzes zu haben. Ein Lager am Sandstrand ist idyllisch, aber wenig empfehlenswert. Die Sandkörner machen sich überall breit, im Zelt sowie im Essen.

Vorteilhaft ist es, das Lager in einem Gebiet mit Bäumen oder größeren Steinen aufzuschlagen, an denen das Zelt festgezurrt werden kann.

WAHL DES ZELTPLATZES – WINTER

Im Winter ist ein Zelt mit Sturmmatten von Vorteil, damit der Wind von unten her keine Angriffsfläche hat. Die Matten werden mit Schnee beschaufelt. Übliche Zeltpflöcke taugen im Winter nichts, verwende daher die längeren und dünneren Schneepflöcke. Ski und Skistöcke sind ausgezeichnete Verankerungspunkte. Beim Zelten im Hochgebirge sollte die Zeltöffnung zur windabgewandten Seite und das schmale Zeltende zur Windseite gerichtet sein. Vertiefungen im Gelände bieten Schutz vor Wind, bedenke aber, dass sich darin auch Schnee sammelt, weshalb du womöglich nachts zum Schneeschaufeln hinaus musst, damit das Zelt nicht zusammenbricht. Bei starkem Wind empfiehlt sich, eine Schutzmauer aus Schnee zu bauen. Stell das Zelt nicht in lawinengefährdeten Gebieten auf.

Im Wald und im Flachland ist es einfacher, einen Zeltplatz zu finden. Viele legen den Zeltplatz bevorzugt in die Nähe eines Baches oder Sees, bedenke aber, dass das Bachbett als Kältegrube fungiert und es im Winter einige Höhenmeter weiter oben mitunter um viele Grade milder ist.

DURCHWATEN VON FLÜSSEN

Bei der Durchquerung von Flüssen ist es wichtig, vorher einige Maßnahmen zu ergreifen.

Überquere nie einen Fluss, wenn du Zweifel hast. Da ist es besser, einen Umweg zu machen oder umzukehren. Überquere den Fluss an seiner breitesten Stelle, dort ist er flacher und die Strömung geringer. Wähle gegebenenfalls eine Stelle, wo sich der Fluss in viele kleinere Flussläufe teilt.
Löse den Hüftgurt des Rucksacks. Beweg dich schräg zur Strömung, um leichter das Gleichgewicht zu halten.
Verwende einen Stock! Hab stets zwei Kontaktpunkte zum Boden. Behalte die Schuhe an, dann haben die Füße unter Wasser besser Halt. Bei kleineren Flüssen kann man auch Wollsocken tragen.
Überquere einen Fluss niemals direkt oberhalb eines Wasserfalls. Verwende wenn nötig ein Seil. Der Stärkste im Gefolge überquert den Fluss als erster und befestigt das Seil, bevor die übrigen einer nach dem anderen folgen. Der Letzte bindet sich vor der Überquerung am Seilende fest.
Solltest du unglücklicherweise fallen, dann lege dich auf den Rücken und schwimme *entgegengesetzt zur Strömung* an Land. Wenn die Strömung stark ist, versuche nicht, Fuß zu fassen, der Fuß könnte sich unter einem Stein verhaken o. ä., was sehr gefährlich werden kann.

ZWIEBELLOOK

Auf Tour sollte man sich nach dem Zwiebelprinzip kleiden. Das bedeutet eine innere Schicht, mehrere Zwischenschichten und eine Außenschicht. Dann lassen sich die Zwischenschichten den Wetterverhältnissen und der Temperatur entsprechend regulieren.

- Die innere Schicht sollte aus Kleidung bestehen, die die Feuchtigkeit vom Körper weg transportiert und dich gleichzeitig warm hält. Wolle ist besonders gut geeignet.
- Auch die Zwischenschichten sollten über die Fähigkeit zum Transport von Flüssigkeit verfügen, aber auch gut isolieren. Fleece und Wolle sind gut geeignet.
- Die Außenschicht muss winddicht sein und gern auch wasserdicht. Wichtig sind zudem eine gute Kapuze sowie Belüftungsmöglichkeiten. Im Sommer sollte die Oberbekleidung auch gegen Insekten schützen. Outdoor-Kleidung oder imprägnierte Baumwollsachen sind gut geeignet.
- Wichtig sind zudem Schuhe, die das Wasser draußen halten und gleichzeitig atmungsaktiv sind. Stiefel aus Leder oder Gore-Tex eignen sich gut. Wichtig sind auch Mütze, Handschuhe und Schal. Die solltest du unabhängig von der Jahreszeit dabeihaben (jedenfalls in Norwegen).

KRÖTEN MIT GIFT AUF DEM RÜCKEN

Wusstest du, dass Kröten Giftdrüsen auf dem Rücken haben? Das ist der Grund, warum sie nur wenige natürliche Feinde haben. Kommt man mit dem Gift in Berührung und reibt sich dann das Gesicht oder die Augen, kommt es zu Juckreiz und Irritation. Passiert das, empfehlen sich Spülungen mit kaltem Wasser.

WÄRME IM ZELT OHNE BRANDGEFAHR

Ein warmes Zelt ist ein ziemlicher Luxus, brennende Holzklötze mit ins Zelt zu nehmen, ist allerdings wenig empfehlenswert. Selbstverständlich kann der Campingkocher verwendet werden, wobei jedoch ein Großteil der Wärme wegen des Kohlenmonoxids wieder ausgelüftet werden muss. Zudem muss man den Kocher im Blick behalten und kann daher nicht schlafen, wenn er in Betrieb ist. Warme Steine im Zelt bedeuten hingegen keine Brandgefahr, und sie geben auch keine gefährlichen Gase ab. Mit anderen Worten: Sie sind einfach genial!

Zum Aufwärmen der Steine müssen sie eine Weile direkt am Lagerfeuer liegen. Sie sollten nicht zu klein sein, sonst verlieren sie die Wärme schnell, aber auch nicht so groß, damit man sie noch ins Zelt bugsieren kann. Sind die Steine glühend heiß, transportiert man sie ins Innenzelt, bevor man sich hinlegt. Es ist praktisch, sie auf einem großen Fichtenzweig hinter sich herzuziehen oder sie mit zwei dicken Stöcken fortzubewegen. Im Winter können sie mit dem Spaten transportiert werden und im Zelt darauf liegen bleiben. Im Zelt sollten die Steine nicht in die Nähe der Zeltplane oder anderer schmelzbarer Sachen gelegt werden. Die Steine halten die Wärme lange und wirken wie ein kleiner Ofen.

FEUERSTAHL

Feuerstahl ist eine Weiterentwicklung des Feuersteins aus der Steinzeit und, wie ich finde, etwas Geniales. Zu dem dünnen Feuerstahl gehört eine Art Raspel. Führt man die Raspel am Feuerstahl entlang, entstehen Funken, mit denen man leicht den Gaskocher oder den Campingkocher entzünden kann. Feuerstahl ist eine gute Alternative zu Streichhölzern. Er funktioniert auch, wenn er nass ist, und hält lange.

Um mit Feuerstahl ein Lagerfeuer zu entzünden, braucht es etwas Übung und viel Geduld. Das Lagerfeuer muss aus kleinen Stücken brennbaren Materials aufgebaut werden, wie ein kleines Nest. Ist das Feuer entzündet, kann man größere Stücke nachlegen. Zum Anfeuern eignen sich Birkenrinde, Span, Splitter, getrocknetes Gras und Flechte.

ESSEN KÜHLEN

Im Winter, bei Schnee und Minusgraden, ist das Kühlen von Essen selten ein Problem. Auch im Sommer findet man im Hochgebirge mitunter Schnee. In einen wasserfesten Beutel gepackt, kann man das Essen in den Schnee eingraben. Man kann den Beutel mit dem Essen auch unter Wasser legen. Am kältesten sind oft Bäche; Binnenseen taugen in der Regel aber auch. Auf den Grund gelegt, sollte der Beutel mit ein paar Steinen fixiert werden. Wichtig ist, dass das Essen ganz dicht verpackt ist. Achte darauf, dass der Beutel nicht wegschwimmt! In Mooren kann man ein kleines Loch graben, das Essen hineinlegen und mit feuchtem Torf oder Moos bedecken.

SATELLITENTELEFON UND NOTPEILSENDER

Bei längeren Touren wird man oft durch Gebiete ohne Netz gehen. Da empfiehlt es sich, besonders wenn man alleine unterwegs ist, ein Satellitentelefon oder einen Notpeilsender dabeizuhaben.

Ein Satellitentelefon funktioniert ähnlich wie ein gewöhnliches Telefon. Es sendet Signale an Satelliten im Weltraum und hat daher fast überall Empfang. Ein Satellitentelefon eignet sich zur Kontaktaufnahme mit den

Daheimgebliebenen und nicht zuletzt für den Einsatz in Notsituationen.

Ein Notpeilsender ist nur für den Einsatz bei Notfällen gedacht, wobei Signale an die nächstgelegene Rettungsstation gesendet werden. Ein Notpeilsender ist leichter und muss nicht geladen werden, hat aber einen kleineren Anwendungsbereich als ein Satellitentelefon.

STOCK

Die Verwendung eines Stocks erscheint womöglich altmodisch und unnütz, ist jedoch gar nicht so dumm! Der Gründe gibt es mehrere:

- In schwierigem Terrain hilft er, das Gleichgewicht zu halten.
- Bei brüchigem Schnee kann damit geprüft werden, was sich unter dem Schnee befindet und ob es sicher ist, dort langzugehen.
- Beim Überqueren von Flüssen ist er ein »Muss«.
- Falls ein Skistock bricht, kann er als Notlösung verwendet werden.
- Er kann als Pflock oder zum Befestigen der Zeltleine im Schnee dienen.

Im Wald ist es nicht schwer, einen geeigneten Stock zu finden. Im Gebirge kann das schwieriger sein. Jedoch findet man entlang der mit Zweigen ausgelegten Winterloipen oft etwas Brauchbares.

VERFILZTE HAARE?

Auf Wanderungen lange Haare zu haben, ist oft ein Nachteil. Nicht selten komme ich mit etwas auf dem Kopf zurück, das an ein Vogelnest erinnert. Daher empfehle ich, die Haare zu flechten oder hochzustecken. So vermeidet man das Verfilzen, wozu es oft durch die Mütze kommt. Im Sommer kann man Shampoo mitnehmen und die Haare in einem Bach oder einem See waschen. Im Winter eignet sich Trockenshampoo.

WASSERDICHTE PACKBEUTEL

Nachdem ich dieses geniale Produkt entdeckt habe, ziehe ich nie mehr ohne los. Löchrige Plastiktüten mit abreißenden Henkeln wurden durch solide, wasserdichte Packbeutel ersetzt. Die besten sind zudem vollkommen wasserdicht und eignen sich daher perfekt zum Paddeln. Beim Paddeln in der Femundsmarka war alles in solchen Beuteln verpackt und am Kanu festgebunden. Mit den Beuteln beseitigt man auch einen Großteil der Luft und komprimiert den Inhalt. Im Winter empfehle ich, die Benzinkartusche für den Campingkocher in einen solchen Beutel zu packen. Damit vermeidet man, das im schlimmsten Fall Benzin ins Essen gelangt.

Es gibt Packbeutel unterschiedlicher Art, einige leicht und dünn, andere stabiler. Es gibt sie mit und ohne Kompressionsband, die mit eignen sich auch als Verpackung für den Schlafsack. Einige werden mit einem oder zwei D-Ringen geliefert, mit denen die Beutel am Rucksack oder anderswo befestigt werden können. Wasserdichte Packbeutel gibt es in vielen Größen und Farben, was es erleichtert, die Übersicht zu behalten. So kann man eine Farbe für Essen, eine andere für Kleidung verwenden usw. Einige haben sogar ein »Fenster«, so dass man sieht, was sich im Beutel befindet.

Wasserdichte Packbeutel können auch zur Beförderung von Wasser, als Polster oder Transportmittel beim Überqueren von Gewässern und Flüssen verwendet werden. Ein Tipp ist ein Extrabeutel für Müll, der nach Gebrauch ausgewaschen werden kann. So vermeidet man, dass sich im Rucksack Abfallgeruch ausbreitet.

STRECKSPRÜNGE

Wusstest du, dass es äußerst praktisch ist, unterwegs ein paar Strecksprünge zu machen? Wenn ich friere, mache ich zehn Strecksprünge, das macht Spaß und gleichzeitig wird mir

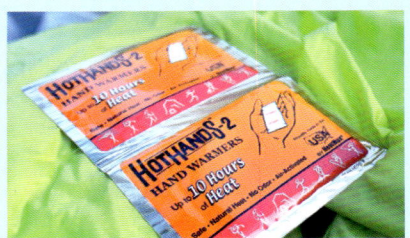

warm. Aktiv zu sein, empfiehlt sich auch, bevor man sich hinlegt, dann ist einem warm, wenn man in den Schlafsack kriecht. Friert man, ist es wichtig, in Bewegung zu bleiben.

DIE KERZE – EIN RETTENDER ENGEL

Der Wind weht kräftig im Gebirge und peitscht mir ins Gesicht. Eiskalt krieche ich ins Zelt und ziehe die nassen Sachen aus. Obwohl es schon spät ist, habe ich seit dem Frühstück nichts gegessen. Ich nehme den Campingkocher, das Hackfleisch im Rucksack ist halb gefroren, und der Hunger grummelt im Magen. Steifgefrorene Finger suchen nach der Benzinkartusche, ohne Erfolg. Als ich den Rucksack auskippen will, fällt mir ein, dass sie zu Hause in der Garage steht. Das erste, was mir in den Sinn kommt, ist, dass die Tour total misslungen ist und mir eine üble Nacht bevorsteht. Dann fällt mein Blick auf das, was sowohl die Tour, die Stimmung als auch das Abendessen retten wird. Die Kerze!

Auf dieser Tour habe ich herausgefunden, dass eine Kerze in der Not als Campingkocher fungieren kann. Im Außenzelt grub ich ein Loch in den Schnee und stellte zwei Stumpenkerzen hinein. Anschließend stellte ich rechts und links des Loches eine Tasse und eine Bratpfanne, damit der Kessel Halt hatte. So bekamen auch die Flammen Luft. Wenig später kochte die Fleischsuppe, und die Temperatur im Zelt wurde angenehmer. Es dauert etwas länger als mit dem Campingkocher, aber Kerzen haben auch einige Vorteile. Sie riechen nicht und brennen vollkommen geräuschlos. Seit dieser Tour habe ich immer ein paar Kerzen im Rucksack, zumindest im Winter. Sie sind praktisch, wenn der Campingkocher streikt, das Lagerfeuer nicht brennen will, oder schlicht und einfach als zusätzliche Wärme- und Lichtquelle.

IM WINTER BUTTERBROTPAPIER MEIDEN!

Wenn die Minusgrade mit voller Wucht zuschlagen, gefrieren selbst die Brotscheiben. Stell dir vor, du bist lange gelaufen und willst dich hinsetzen, um den verdienten Proviant zu verzehren: Dann bereitet festgeklebtes Butterbrotpapier zwischen den belegten Scheiben keine Freude. Oft friert der Belag am Papier fest und kleine, unappetitliche Papierstückchen bleiben am Brot haften. Im Winter empfiehlt es sich, das Brot immer zusammenzuklappen!

AUSTRETEN, UM WARM ZU BLEIBEN!

Wenn es kalt ist, hilft es, auf die Toilette zu gehen, um nicht zu frieren. Viel Körperwärme wird nämlich darauf verwendet, den Urin zu erwärmen, weshalb es wichtig ist, jeden Abend auszutreten, bevor man sich hinlegt. Wacht man nachts auf, friert und muss Wasser lassen, sollte man aufstehen, auch wenn es in dem Moment wenig verlockend erscheint. Dann ist die Chance größer, für den Rest der Nacht die Wärme zu halten.

TOILETTENPAPIER ANZÜNDEN

Es ist wichtig, in der Natur so wenige Spuren wie möglich zu hinterlassen. Es macht wenig Freude, beim Wandern überall auf umherliegendes Toilettenpapier zu stoßen. Solange keine Waldbrandgefahr besteht, sollte man immer Streichhölzer dabeihaben und das Papier verbrennen, bevor man weitergeht. Toilettenpapier kann auch auf dem Lagerfeuer verbrannt oder in einer Mülltüte mit nach Hause genommen werden. Lasse es auf keinen Fall für andere sichtbar liegen; besser ist es, es unter einen Stein oder unter Moos zu legen, wo es nach und nach verrottet.

MILCHPULVER

Milchpulver ist ein weiteres geniales Produkt für unterwegs. Es gibt dem Essen Geschmack und führt dem Körper wichtige Nährstoffe zu. Milchpulver ist leicht und kann in Wasser eingerührt wie normale Milch getrunken werden. In fast allen Speisen, die ich auf Tour zubereite, verwende ich Milchpulver, es ist eine feste Zutat in selbstgemachtem Brot, Kakao, Brei, Eintöpfen und Müsli.

HANDWÄRMER

Seit ich zum ersten Mal Handwärmer verwendet habe, gehe ich im Winter nie mehr ohne auf Tour. Handwärmer gibt es in den meisten Sport- und Outdoor-Läden. Sie wirken bereits wenige Minuten, nachdem das Plastik aus der Verpackung genommen wurde und mit Luft in Kontakt kommt. Sie sollten auf die Haut oder an eine andere warme Stelle gelegt werden, damit sie ordentlich warm werden. Bei kalten Händen kann man sie in die Handschuhe stecken, ansonsten aber überall dort hintun, wo man Wärme benötigt. Es gibt auch sogenannte Fußwärmer, die speziell für den Einsatz an den Füßen und in Schuhen geeignet sind.

Im Winter lege ich meist ein oder zwei Handwärmer in den Schlafsack, bevor ich mich hinlege. Sie halten den Schlafsack warm, bis ich am nächsten Tag aufstehe. Eiskalte Winternächte sind somit passé.

SCHLAFSACK UND LIEGEUNTERLAGE

Schlafsack und Liegeunterlage sollen dich nachts warmhalten und sind daher die wichtigste Ausrüstung, die man auf einer Tour dabeihat. Ein richtig warmer Winterschlafsack ist nicht billig, aber auch hier kann man sich das Schichtprinzip zunutze machen. Hat man zwei Sommerschlafsäcke, kann man diese gut ineinander verwenden, anstatt einen dicken Winterschlafsack zu kaufen.

Fast auf dem Gipfel des Puttegga, dem höchsten Berg des Fylke Møre og Romsdal

18. JULI TAG 28

AUF ZUR GIPFELTOUR

Heute geht's zum Gipfel! Wir nehmen Kurs auf den Markstein auf dem Puttegga. Mit 2000 Metern über dem Meeresspiegel ist es der höchste Punkt des Tafjordsfjella. Das beste an einem solchen Tagesausflug ist, dass ich den großen Rucksack nicht schleppen muss. Ich fühle mich leicht wie eine Feder, als wir aufbrechen. Das Essen hat in meinem Körper Wunder bewirkt; es ist lange her, dass er sich so vital angefühlt hat. Anna hat Vega an der Leine, aber sie springt umher und ist ganz wild.

Eine Gipfeltour ist eine glänzende Abwechslung zum üblichen Wanderalltag. Wir erreichen den Gipfel bei Windstille. Wir setzen uns in die Sonne, genießen das Mittagessen und die Aussicht. Überall ragen mächtige Berggipfel empor, bedeckt mit großen, weißen Flecken. Wir filmen und machen ein paar Fotos, bevor wir auf dem Hintern die lange Schneezunge hinunterrodeln, so dass erschrockene Schneehühner in alle Richtungen davonflattern. Dieses Gebiet hat uns wirklich ein schönes Willkommen bereitet, und nichts ist besser als der Gedanke, dass in der DNT-Hütte ein weiteres fabelhaftes Abendessen auf uns wartet. Perfekt!

Wir sind fast an der Pyttbua, als wir feststellen, dass das GPS verschwunden ist. Habe ich es auf dem Gipfel verlegt oder es vielleicht auf dem Weg verloren? Als wir beim Essen sitzen, beschließt Mama, hinaufzugehen und nachzusehen, da es mit großer Wahrscheinlichkeit auf einem der Markierungssteine liegt. Ich halte das für keine gute Idee, zumal der Abend sich nähert und Nebel über dem Gipfel schwebt. Wenn sich Mama aber einmal zu etwas entschlossen hat, dann hat sie sich entschlossen.

Anna und ich spielen Karten. Keine von uns sagt etwas, aber ich sehe Anna an, dass auch sie sich Sorgen

2000 Meter über dem Meeresspiegel

um Mama macht, die sich jetzt irgendwo weit oben im Gebirge befindet. Der Nebel liegt dicht um den Puttegga, und die Sicht dort oben ist vermutlich elendig. Außerdem dämmert es und ist windig. Mir wird bewusst, dass die Sorgen, die ich mir jetzt um Mama mache, meine Eltern sich auch um mich machen, wenn ich unterwegs bin. Ich habe ein bisschen ein schlechtes Gewissen. Geht es ihnen wirklich so, wenn ich alleine unterwegs bin?

Wir beschließen, ihr entgegenzugehen, und es dauert nicht lange, bevor im Nebel eine Gestalt auftaucht. Das kann unmöglich Mama sein: In so kurzer Zeit kann sie nicht auf dem Gipfel gewesen sein. Aber sie ist es. Das muss ein Rekord sein! Das GPS ist und bleibt verschwunden, aber das spielt in diesem Moment keine Rolle. Das Wichtigste ist, dass Mama wieder unten ist. Außerdem glaube ich, dass es nicht viele gibt, die zwei Mal an einem Tag den Puttegga hinauf und wieder heruntergewandert sind. Nicht schlecht, eine so sportliche Mama zu haben!

19. JULI TAG 29

WIR SUCHEN DECKUNG IN DER VELTDALSHYTTA

Fortan werden wir von Hütte zu Hütte wandern, und weder Vega noch ich haben Einwände. Trotz allem sind wir zwei Mädchen, die Tage zu schätzen wissen, an denen sie viel essen, lange schlafen und das Leben ruhig angehen können. Das ist der Grund, warum es auch heute lange dauert, bevor wir loskommen. Um uns herum liegt Schnee, aber wieder landen wir bei T-Shirt und Sonnenbrille, während sich im Körper ein Gefühl von Ostern breitmacht. Anna geht summend voran. Um uns herum ragen allenthalben mächtige Berge auf. Türkisfarbenes Gletscherwasser leuchtet aus dem kreideweißen Schnee hervor, ansonsten ist das Gelände ziemlich steinig. In dem Moment, als wir die Hütte erblicken, zieht von Süden her ein heftiges Unwetter auf. Dunkle Wolken bedecken den Himmel, und wir schaffen es gerade so ins Warme, bevor der Regen an die Wände der Hütte peitscht.

Die Hütte, in der wir uns befinden, heißt Veltdalshytta. Sie wurde 2006 gebaut und ist sicherlich die schönste selbstbediente Hütte, in der ich je gewesen bin. Sie hat fünfzig Schlafplätze, verteilt auf mehrere Räume. Die Speisekammer ist bis oben hin gefüllt mit verlockenden Lebensmitteln, die sicher den Geschmack eines jeden Gebirgswanderers treffen. Daneben gibt es gute Möglichkeiten zum Trocknen der Kleidung und nicht zuletzt zum Entspannen auf dem Sofa. Eine andere Sache, die ich sehr zu schätzen weiß, ist die gute Ausstattung für Hunde. Was das betrifft, sind nicht alle Hütten gleich gut, hier aber gibt es sogar eigene Käfige, Kissen und Decken für die vierbeinigen Freunde. Vega liegt unter dem Dach vor der Hütte, in dem kalten Wetter gut eingepackt. Selbst eine Draufgängerin wie sie hat nichts dagegen, es nach einem langen Tag mit Packtaschen auf dem Rücken warm und gemütlich zu haben.

Wir sitzen lange in der Stube und reden mit den anderen Besuchern, das Gesellige ist ein zentraler Teil des Wohnens in diesen Hütten. Man trifft immer nette Menschen, und das Schöne ist, dass alle hier das Interesse für die Natur teilen. Mit den Leuten ins Gespräch zu kommen, ist auch deshalb sehr empfehlenswert, weil man dabei Tipps bekommt für Routen, die man nehmen, und Orte die man besuchen sollte – oder eben nicht.

Der Winter hat das Tafjordfjella noch fest im Griff.

Auf dem Weg von der Pyttbua zur Veltdalshytta im Tafjordfjella

TÜRKISFARBENES GLETSCHERWASSER LEUCHTET AUS DEM KREIDEWEISSEN SCHNEE HERVOR.

UND DAS SCHÖNE IST, DASS ALLE HIER DAS INTERESSE FÜR DIE NATUR TEILEN.

Der Heimste Veltdalsvatnet im Tafjordfjella

20. JULI TAG 30

KOPFÜBER INS HULDERKOPPEN

Ich beginne den Tag mit einer großen Portion Haferbrei mit Marmelade. Die Nacht war kalt, und als wir heute früh hinausgegangen sind, lag Vega noch immer in die Decke eingewickelt da.

Bevor wir das Veltdalen verlassen, machen wir einen Abstecher zur Fieldfarehytta. Hier, gut verborgen unter einem kleinen Felsvorsprung, befand sich einst eine kleine Hütte, in der sich während des Zweiten Weltkriegs drei Männer hier im Gebirge vor den Deutschen versteckten. Die drei sabotierten unter anderem die Eisenbahnstrecke unten bei Bjorli. Die ursprüngliche Hütte ist verschwunden, die jetzt vorhandene wurde später errichtet, ist aber dennoch einen Besuch wert. Wer einen primitiven Übernachtungsplatz sucht, kann hier auch schlafen. Es gibt vier Schlafplätze und einen Meter vor der Tür eiskaltes Badewasser.

Auf Empfehlung von Gerd, einer netten Dame, die in der Aursjøhytta im Dovrefjell arbeitet, entscheiden wir uns heute für eine etwas längere Etappe um das Hulderkoppen herum. Anna erstreitet sich Mamas 75-Liter-Rucksack, im Tausch gegen ihr eigenes bescheidenes 30-Liter-Modell. Sie gibt deutlich zu verstehen, dass sie sich nicht mehr damit abfindet, die »armselige Gesäßtasche« zu tragen, sie zieht den Hüftgurt straff und grinst, als sie endlich etwas Gewicht auf den Rücken bekommt. Das ganze bietet einen lustigen Anblick, sie hat nicht nur einen zu großen Rucksack, sondern auch eine viel zu große Hose und ein Paar gediegene Bergstiefel an.

Trotzdem strahlt sie mit der Sonne um die Wette, und es geht gut mit ihr und dem Rucksack, bis wir einen steilen, mit Schnee bedeckten Abhang hinunter müssen. Anna rutscht mit Karacho auf den Hacken auf einen Steinhaufen zu und fällt auf die Nase. Während sie zappelt und lacht, rufe ich ihr zu, dass sie mitten in einem Bach liegt. Da hat sie es so eilig, dass sie augenscheinlich den schweren Rucksack vergisst. Sie versucht aufzustehen, fällt dabei aber nach hinten um und kullert mit einem Purzelbaum rückwärts den Abhang hinunter. Trotz eines verletzten Arms ist sie nach wie vor bester Laune, wie sie dort liegt. Sie kann sich damit trösten, dass sie aller Wahrscheinlichkeit nach die erste ist, die jemals mit einem Rückwärtssalto ins Hulderkoppen gepurzelt ist!

Es bleibt glücklicherweise bei diesem einen Sturz, und jetzt sind wir sicher in der Reindalsseter, wo wir uns für die Nacht ein Zimmer gemietet haben. Vega hat eine eigene Hundehütte bekommen und scheint damit sehr zufrieden zu sein. Ich meinerseits konnte meine Sachen waschen und das Handy aufladen. Zum Abendessen wird uns Kabeljau serviert, was bei drei hungrigen Wanderern definitiv Gefallen findet. Heute haben wir es sogar geschafft, dass Anna erschöpft ist, und da gehört einiges dazu. Allerdings hält das nicht sonderlich lange an, denn nach einer Tasse Tee, Dessert und ein paar Schokolinsen ist sie schon wieder auf Hochtouren. Mama und ich hingegen finden es vollkommen in Ordnung, mit einem Buch in der Hand auf dem Sofa zu entspannen.

Auf dem Weg zur Reindalsseter machen wir einen Umweg zum tollen Hulderkoppen.

DAS LADEN ELEKTRONISCHER AUSRÜSTUNG

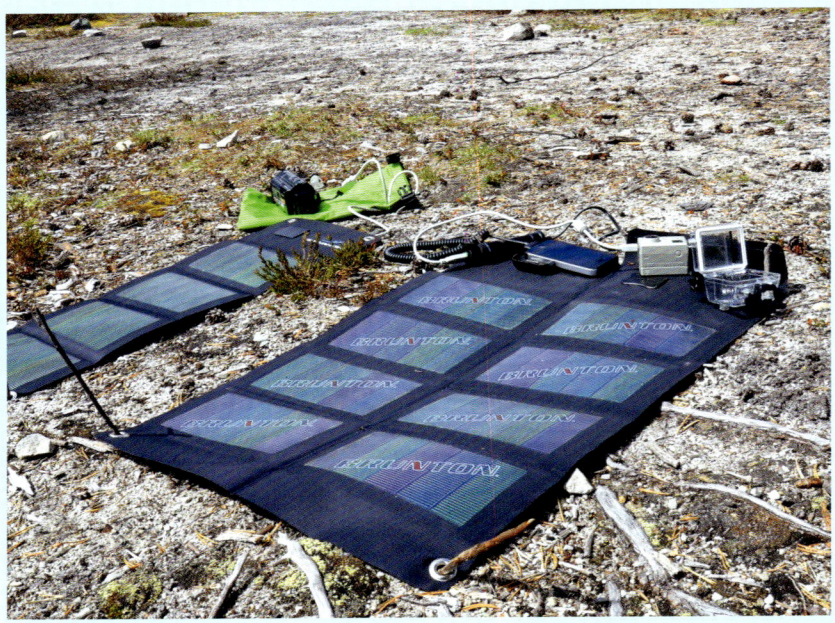

Immer mehr Elektronik wird Teil der Tourausrüstung. Ist der Akku von GPS, Handy und Kamera leer, kann man die Sonnenenergie nutzen. Alles was man dafür braucht, ist ein Solarzellenpanel und eventuell eine Powerbank. In den letzten Jahren wurden auch Solarzellenpanels und Batterien für den Einsatz auf Wandertouren entwickelt.

Das Solarzellenpanel funktioniert selbstverständlich am besten bei Sonne, die meisten laden sich aber auch auf, wenn es teilweise oder ganz bedeckt ist. In Norwegen mangelt es nicht an regnerischen Tagen, weshalb es an den vielen Tagen, an denen sich die Sonne im Verborgenen hält, hilfreich ist, zusätzlich zu dem Panel eine kleine Powerbank dabeizuhaben. Diese kann sowohl über das Panel als auch via Steckdose aufgeladen werden. Mit einer aufgeladenen Powerbank hat man also auch dann Zugang zu Strom, wenn die Sonne weg ist, zudem kann die Ausrüstung auch über Nacht aufgeladen werden.

Das Solarzellenpanel kann außen am Rucksack befestigt werden und so während des Laufens die Ausrüstung oder die Powerbank aufladen. Liegt das Panel hingegen still, sollte es möglichst rechtwinklig zur Sonne ausgerichtet werden, das erzeugt die beste Wirkung. Es gibt unterschiedliche Panels, aber je größer das Solarzellenpanel, desto besser der Effekt.

Beachte, dass ein Teil der Ausrüstung, etwa das Tablet, eine höhere Ausgangsladung der Powerbank oder des Panels erfordert als ein Handy. Teste stets die Ausrüstung, bevor du dich auf lange Touren begibst, damit du siehst, ob alles funktioniert und alle Kabel vorhanden sind.

21. JULI TAG 31

EIN ÜBLER TAG BEI MISTWETTER AUF SCHLECHTEM UNTERGRUND

Heute vor einem Monat hat meine Tour in der Femundsmarka begonnen. Die Kälte durchdringt unsere Kleidung, und der Nebel hüllt uns ein. »Im Sommer ist es hier bestimmt schön«, sage ich zu Anna. Nach ein paar Sekunden fällt mir ein, dass ja eigentlich Sommer ist. Das ganze ist ein übler Tag bei üblem Wetter auf üblem Untergrund.

Die positiven Gedanken sind verschwunden, und alles erscheint hoffnungslos. Morgen verabschieden sich Anna und Mama, und ich werde ein weiteres Mal alleine weiterwandern. Ich weiß, dass alles gutgeht, wenn sie erst einmal gefahren sind; dennoch macht mich der Gedanke vollkommen fertig.

Ich bin auch unsicher, was ich weiter machen soll. Ich hatte Kontakt zu einem Mann, der diesen Gebirgsabschnitt wie seine Westentasche kennt. Er hat sich meine Route angeschaut und gesagt, dass wahrscheinlich genau dort, wo ich geplant habe langzugehen, um nach Geiranger zu gelangen, mit Schneeüberhang zu rechnen ist. Wegen dieses Winters, der seinen Griff nicht lockert, habe ich meine Route bereits unzählige Male geändert. Heute hatten wir durchweg Schnee. Wir müssen Vorkehrungen treffen wegen Lawinengefahr, unsicherem Eis und hochwasserführenden Flüssen, Dinge, über die ich viel zu wenig weiß. Es kommen keine DNT-Hütten mehr. Mein Schlafsack ist für den Sommer ausgelegt, und mit meiner Kleidung und meiner Ausrüstung wird es im Zelt eiskalt werden. Was ich jedoch am meisten bedauere, ist, dass ich nicht an Anne Lises Beerdigung teilnehmen kann. Ich wäre so gern dort gewesen, aber wie soll ich das machen, wenn ich mich im Hochgebirge befinde?

Heute bin ich so richtig deprimiert, und mein Körper ist erschöpft. Der Hüftgurt sitzt nicht, egal wie fest ich ihn auch ziehe. Die Fettpolster haben sich in den vergangenen zwei Wochen nur so verflüchtigt. Auch Vega ist erschöpft, den ganzen Weg von Reindalsseter mussten wir ihre Packtaschen tragen. Ich bin vollkommen ausgelaugt, und mein Kopf ist voll von unbeantworteten Fragen, Sorgen und Unruhe.

Ich weiß, dass die Dinge sich regeln werden, das müssen sie einfach. Bisher war die Tour wie eine Berg-und-Talfahrt, mit Hochs und Tiefs. Ich werde den Abend darauf verwenden, eine gute Lösung zu finden, die sowohl für Vega als auch für mich die beste ist. Wenn alles hoffnungslos ist, besteht dennoch Hoffnung, ist es nicht so?

> WEGEN DIESES WINTERS, DER SEINEN GRIFF NICHT LOCKERT, HABE ICH DIE ROUTE BEREITS UNZÄHLIGE MALE GEÄNDERT.

22. JULI TAG 32

PLANÄNDERUNG

Ich bin gezwungen, das Hochgebirge zu verlassen, und schließe mich daher Anna und Mama an. Das bedeutet, dass ich mich nicht sonderlich westwärts bewege, aber alles ist besser, als die gefährliche Etappe über das Gebirge nach Geiranger fortzusetzen. Dieser Gebirgsabschnitt ist wahrlich kein ungefährlicher Spielplatz, und ich muss andere Möglichkeiten in Betracht ziehen.

Eine große Erleichterung breitet sich in mir aus, als wir endlich die Hauptstraße erblicken. Das letzte Stück nach Grotli joggen wir beinahe. Dort angekommen, bestellt jede von uns ein großes Hamburger-Menü. Endlich können wir uns entspannen. Ich bin erschöpft. Vegas Pfoten sind wund, ich habe bemerkt, dass sie sich steif bewegt. Wir sind gezwungen, künftig mehr Ruhetage einzulegen, andernfalls wird Stad ein ferner Traum bleiben.

Die beste Lösung ist, dass Vega und ich mit Mama und Anna nach Hause fahren. Nicht, um die Tour zu beenden, sondern um der Beerdigung von Anne Lise beizuwohnen. Ich möchte wirklich gern dort sein, und wenn ich jetzt die Möglichkeit dazu habe, lasse ich mir sie nicht entgehen.

Zur gleichen Zeit, als ich mich darauf vorbereite, zu Anne Lises Beerdigung zu gehen, ist ein Jahr vergangen seit dem Terroranschlag in Oslo und auf Utøya. Ich denke an all jene, die am 22. Juli 2011 ihre Lieben verloren haben.

ZUR GLEICHEN ZEIT, ALS ICH MICH DARAUF VORBEREITE, ZU ANNE LISES BEERDIGUNG ZU GEHEN, IST EIN JAHR VERGANGEN SEIT DEM TERRORANSCHLAG IN OSLO UND AUF UTØYA. ICH DENKE AN ALL JENE, DIE AM 22. JULI 2011 IHRE LIEBEN VERLOREN HABEN.

VEGA UND ICH HATTEN
ES NÖTIG AUSZUSPANNEN,
ABZUSCHALTEN UND EIN
FÜNKCHEN SOMMER
ZU ERHASCHEN.

26. JULI TAG 33

LEBENSGEFÄHRLICHER ASPHALT

Ich bin froh, bei der Beerdigung gewesen zu sein. Es war wichtig für mich, dort zu sein. Auch wenn es furchtbar traurig war, war es auch schön, sich ein letztes Mal verabschieden zu können. Ich habe auch den Rest meiner Familie getroffen, und es war gut, sie wiederzusehen. Vega und ich hatten es nötig auszuspannen, abzuschalten und ein Fünkchen Sommer zu erhaschen. Trotzdem: Nach vier Tagen zu Hause ist es überhaupt nicht traurig, zurückzukehren. Ich freue mich auf die Fortsetzung des Abenteuers, noch immer liegt viel vor mir. Meine Großeltern mütterlicherseits haben mich wieder ins Gebirge gefahren, wo ich jetzt für einige Tage Begleitung habe.

Vor vier Tagen, bevor Papa uns abgeholt hat, bin ich mit Mama den halben Weg nach Geiranger gelaufen, damit ich heute nicht so viel über Asphalt gehen muss. Das Tempolimit auf der Strecke beträgt 90 km/h, und das Verkehrsaufkommen ist hoch. Wir sind ganz am Rand gelaufen, aber es war jedes Mal wieder unheimlich, wenn ein Auto vorbeigesaust kam. Glücklicherweise sind Anna und Vega in Grotli geblieben; dieses Stück Straße mit einem Hund entlangzulaufen, wäre Irrsinn gewesen.

Während der Verkehr an mir vorbeisauste, wurde mir bewusst, dass das, was ich da tat, fürchterlich war, fürchterlich dumm. Ich habe mein Leben riskiert, um das letzte Stück zum Fjord zu laufen. Im Auto nach Hause musste ich deshalb mit mir selbst ins Gericht gehen: Wie viel soll ich eigentlich riskieren, um Norwegen zu durchqueren? Wenn das Wichtigste wirklich die Freude am Unterwegssein und die Sicherheit sind, warum bin ich dann die gefährliche Straße entlanggegangen? Für mich war das ganz und gar ein Fehler.

Ich entscheide mich, die letzten Kilometer bis Geiranger zu fahren. Vielleicht wird jemand der Meinung sein, ich hätte Norwegen gar nicht wirklich zu Fuß durchquert, ich aber denke, dass ich lieber Norwegen nicht ganz zu Fuß durchquert habe, als von einem LKW umgefahren worden zu sein. Oder im Hochgebirge von einer Lawine erfasst worden zu sein. Außerdem muss ich im weiteren Verlauf der Tour sowohl über den Geirangerfjord als auch von Volda aus die Fähre nehmen, sodass ich so oder so nicht jeden Meter der Tour zu Fuß gehen werde. Im übrigen unternehme ich diese Tour für mich selbst und für Vega.

In Geiranger mieten wir uns eine Campinghütte, direkt an dem tiefgrünen Wasser. Rundum ragen steile Berge empor, während einige Kajakpaddler über den idyllischen Fjord gleiten. Wir sind eine Runde ins Dorf gegangen, haben gut gegessen und es uns in der Abendsonne gemütlich gemacht. Ich spüre, wie die frische Meeresluft mir in der Nase kribbelt – das Vestkapp kommt immer näher.

Der Geirangerfjord

RUNDUM RAGEN STEILE BERGE EMPOR, WÄHREND EINIGE KAJAKPADDLER ÜBER DEN IDYLLISCHEN FJORD GLEITEN.

Lange Touren sind für mich mit viel Spannung, Erlebnis und neuen Erfahrungen verbunden. Hat man Gefallen am primitiven Wanderleben, gibt es nichts Besseres, als über einen längeren Zeitraum in der freien Natur zu sein.

Auf langen Touren spürt man die Stille und Einsamkeit förmlich im ganzen Körper, und die Nähe zur Natur ist intensiver. Man kommt in einen eigenen Rhythmus, ohne Einschränkung durch die Mühen, die der übliche Alltag häufig mit sich bringt. Außerdem begibt man sich nicht nur auf eine Erlebnisreise in die Natur, sondern auch in seine eigenen Gedanken. Man hat Zeit nachzudenken, über das Leben zu reflektieren und im Augenblick anwesend zu sein.

Das Freiheitsgefühl hängt wie ein sanfter Seidenschleier über einem, obwohl ständig neue Herausforderungen warten. Man ist draußen, bei jedem Wetter, hat eine begrenzte Ausrüstung dabei und ist über einen längeren Zeitraum von Familie und Freunden getrennt.

Weite Strecken stellen auch den Körper auf die Probe. Er muss über lange Zeit eine harte Belastung aushalten, und mitunter muss man ihn bis aufs Letzte unter Druck setzen. Lange Touren können seelisch und körperlich anstrengend sein, was einen aber nur stärker macht.

Für das Gelingen einer Tour ist eine positive Einstellung das Wichtigste. Ruhe, Freude und das Gefühl, es zu schaffen, sowie all das andere, was zu einer langen Tour gehört, erlebt man wirklich nur mit einem Lächeln um den Mund.

DEN TRAUM VERWIRKLICHEN

Viele wollen gern eine lange Tour unternehmen, es tatsächlich zu tun ist jedoch etwas anderes. Eine lange Tour bleibt leider viel zu oft ein Traum. Es ist nicht immer leicht, den Schritt aus dem gewohnten Alltag und der Zivilisation heraus zu tun. Trotzdem: Weder sollte man seine Träume aufgeben noch den Zweifel die Oberhand gewinnen lassen. Man muss daran glauben, dass man es schafft, denn versucht man es nicht, dann gelingt es einem auch nicht. Oft hat man Angst, nicht genug Erfahrung zu haben oder nicht draufgängerisch zu sein. Sicher: Man sollte bereits einige Tage in der freien Natur verbracht haben, bevor man auf eine längere Tour geht. Die Erfahrung sammelt man jedoch weitestgehend unmittelbar auf der langen Wanderung. Man darf keine Angst vor Herausforderungen haben, ganz gleich, ob man Angst vor Dunkelheit, Höhe oder dem Alleinsein hat. Sich dem zu stellen, wovor man Angst hat, ist meiner Meinung nach die beste Möglichkeit, seine Ängste zu überwinden.

DIE PLANUNG

Beginne zeitig mit der Planung. Besorge dir Karten über die Gegenden, in denen du wandern willst. Karten im Maßstab 1:50 000 sind als Wanderkarten gut geeignet. Es gibt auch diverse Internetseiten, auf denen du detaillierte Routen erstellen kannst. Du kannst dich von einem Punkt zum anderen bewegen oder dich über einen längeren Zeitraum im selben Gebiet aufhalten. Vielleicht ziehst du eine »Vagabundentour« vor, wo sich der Weg beim Wandern ergibt? Studiere Routen und lege fest, wie viel Zeit du etwa auf die Tour verwenden willst. Wenn möglich, lohnt es sich, unterwegs Stops in Lebensmittelgeschäften und Postfilialen einzuplanen, um den Vorrat an Essen und Brennstoff aufzufüllen. Es empfiehlt sich, vor der Abreise Vorratspakete zu befüllen, die die Daheimgebliebenen an eine Postfiliale unterwegs schicken können. Sprich genau ab, welches Paket wohin geschickt werden soll. Zudem kann es nützlich sein, vor Abreise Kontakt zu Ortsansässigen aufzunehmen; sie kennen die Gebiete und haben oft gute Ratschläge und Tipps.

Bereits in der Anfangsphase der Planung sollte man klären, ob man alleine oder zusammen mit anderen auf Tour gehen will. Bei mehreren ist es wichtig, sich vorher gut zu kennen und herauszufinden, ob man über einen längeren Zeitraum zusammensein kann. Man muss gut miteinander auskommen und harmonieren, sonst ist die Tour mitunter von zerstörerischen Konflikten und schlechter Stimmung geprägt. Ein wichtiger Punkt ist die Motivation für die Tour. Wird das nicht vorher geklärt, bricht man mitunter mit vollkommen unterschiedlichen Zielen auf, was das ganze Unternehmen verderben kann.

Informiere deine Familie und stimme dich lange vor dem Start mit Schule oder Arbeitgeber ab. Lege frühzeitig das Startdatum fest, dann ist es einfacher, das ganze zielgerichtet vorzubereiten. Liste auf, was an Ausrüstung und Essen gekauft werden muss, und verschaffe dir einen Überblick über alles, was mitgenommen werden muss. Stelle eventuell einen

Budgetplan auf. Teste vor dem Start die komplette Ausrüstung, um dich mit der Handhabung vertraut zu machen. Zudem solltest du über die wichtigsten Grundkenntnisse u. a. im Gebrauch von Karte und Kompass, Orientierung und Errichtung eines Lagerfeuers verfügen.

TRAINING UND RUHETAGE

Fange zeitig vor der Tour an, regelmäßig zu trainieren. Vor allem, wenn du vorhast, eine bestimmte Distanz zurückzulegen, solltest du eine gute Trainingsgrundlage haben. Es ist nicht zu empfehlen, sich ohne gute Vorbereitung auf eine anstrengende Tour zu begeben, auf der der Körper über einen längeren Zeitraum stark belastet wird. Wenn sich der Körper nicht schrittweise anpassen kann, führt das oft zu Überlastung und Verletzungen. Ohne ein vorheriges Training sollte man jedenfalls vorsichtig starten. Der Rucksack ist ohnehin meist schwer, und die Anzahl der pro Tag zurückzulegenden Kilometer sollte der absolvierten Trainingsstrecke angepasst werden. Wirst du auf der Tour von einem Hund begleitet, muss auch er zuvor trainiert werden.

Trainiert oder nicht, Ruhetage sollten eingelegt werden. Sie sind für Körper und Motivation wichtig. Es sind diese Tage, an denen man wirklich Zeit hat, den Augenblick zu genießen. Außerdem ist es herrlich, ein paar Tage zu haben, an denen man das Lager nicht auf- und abbauen muss. Ruhetage eignen sich auch, um die Ausrüstung zu trocknen, Sachen zu reparieren oder Kleidung zu waschen. Ruhetage sind wichtig, um die Wanderung voll und ganz genießen zu können. Plane die Tour so, dass du ausreichend Zeit hast und Stress vermeidest. Unterwegs Spaß zu haben, ist mindestens genauso wichtig, wie ans Ziel zu kommen.

LEICHTES GEPÄCK

Leichtes Gepäck ist angenehm und mitunter entscheidend dafür, dass eine lange Tour gelingt. Das kommt selbstverständlich sehr auf die Tour an, hält man sich in ein und demselben Gebiet auf, kann man sich etwas Extraluxus gönnen, weil die Ausrüstung nicht über weite Strecken getragen werden muss. Bewegt man sich hingegen von A nach B und muss längere Distanzen zurücklegen, sollte man den Rucksack mit Sorgfalt packen.

Am meisten Gewicht kann man oft bei den großen Sachen wie Zelt, Schlafsack, Liegeunterlage und Rucksack sparen. Wie viel Komfort man zu opfern bereit ist, ist individuell verschieden, unabhängig davon sollte man aber darauf achten, dass die Gewichtsreduktion die Funktionalität der Ausrüstung nicht zu stark beeinflusst. Mein Zelt auf dieser Tour wog etwas über zwei Kilo; mir war wichtig, dass es bei nahezu jedem Wind und Wetter gut standhält. Zudem bot es ausreichend Platz für den Hund und mich.

Mein Schlafsack war verhältnismäßig leicht, aber nicht so dünn, dass er mich nachts nicht warmhielt. Meine Liegeunterlage war aufblasbar und wog sehr wenig. Auch wenn der Komfort bei aufblasbaren Unterlagen hoch ist, besteht immer die Gefahr von Löchern, weshalb man sie vorsichtig behandeln muss. Sie können z. B. nicht am Lagerfeuer verwendet werden. Hätte ich die Tour im Winter gemacht, hätte ich mich für eine Schaumstoffunterlage oder beides entscheiden müssen.

Auch bei der Auswahl des Rucksacks kann man viel Gewicht sparen. Es hat keinen Sinn, einen Rucksack zu kaufen, der mehr Liter fasst, als man tatsächlich benötigt, dann ist der Rucksack an sich schwerer und man packt leichter mehr ein als nötig. Das Wichtigste aber ist, einen Rucksack mit einem guten Tragesystem zu wählen, der sich dem Rücken anpasst. Mit einem schlechten Rucksack fühlt sich das Gepäck schwerer an als mit einem guten.

Verzichte auf den Großteil der Ausrüstung, die »nett ist dabeizuhaben«, mit Ausnahme der Erste-Hilfe-Ausrüstung. Stelle dir selbst die Frage, ob die verschiedenen Sachen wirklich notwendig sind. Brauche ich alle Zeltpflöcke? Komme ich mit nur einem Kessel aus? Werde ich das Extraset Wollunterwäsche nutzen? Um beim Brennstoff Gewicht zu sparen, kann man sich für ein Lagerfeuer anstatt Camping- oder Gaskocher entscheiden. Um beim Proviant Masse und Gewicht zu sparen, kann man sich bis zu einem gewissen Grad auf das Angeln und Jagen verlegen. Lebensmittel mit viel Flüssigkeit wiegen viel, weshalb es sinnvoll ist, auf Lebensmittel mit einem hohen Flüssigkeitsgehalt so weit wie möglich zu verzichten. Trockne eventuell das Essen vor der Tour; gefriergetrocknete Trekkingnahrung spart viel Gewicht. Und nicht zuletzt kann man auch viel Gewicht und Masse beim Verpackungsmaterial sparen.

27. JULI TAG 34

ABENTEUER UNTERM STORSETERFOSSEN

Seine Großeltern auf Tour dabeizuhaben, ist schlicht und einfach Luxus. Ist noch dazu das Wetter gut, dann ist die Wanderung einfach nur ein herrliches Erlebnis. Wir werden Geiranger nicht vor morgen verlassen, weshalb wir uns entschließen, eine längere Tagestour ins Gebirge zu unternehmen. Wir wandern durch ein üppiges Tal, was, wie sich zeigt, von allem etwas zu bieten hat. Das größte Erlebnis ist ganz klar der berühmte Storseterfossen. Der ist einfach nur prächtig! Das Besondere an gerade diesem Wasserfall ist, das man darunter durchgehen kann, und so etwas habe ich bisher noch nicht erlebt. Das erinnert mich an die Fernsehserie »Brødrene Dahl« (Die Brüder Dahl), wo sie unter einem Wasserfall eine komplette Welt vorfanden. Ich finde vielleicht keine neue Welt, aber ich sehe die unsere aus einem neuen und unbekannten Blickwinkel. Das Wasser rast direkt vor meiner Nase in die Tiefe. Es spritzt in alle Richtungen, und ich verspüre einen Glücksrausch, als ich hier stehe, inmitten einer der größten Sensationen, die die norwegische Natur zu bieten hat. Ich habe ein so unglaubliches Glück, in einem so prächtigen Land zu einem Abenteuer aufbrechen zu können, und bin gleichzeitig froh und stolz. Lediglich mit Sport-BH und Shorts bekleidet, wandere ich weiter ins Tal hinein, Rucksack und Packtaschen habe ich guten Gewissens in der Hütte gelassen.

Nach einem eiskalten Bad im Gebirge sind wir wieder zurück in Geiranger. Der Regen platscht auf das Dach, aber so lange es kein Schnee ist, bin ich froh. Die Stimmung in der winzigen Hütte ist gut, zum Abendessen hatten wir superleckeres Steak, und nun studieren wir die Karte. Draußen auf dem Fjord legt gerade ein Kreuzfahrtschiff ab, morgen sind wir an der Reihe. Wir werden von hier aus die Fähre nach Hellesylt nehmen, und ich freue mich darauf, all die imposanten Wasserfälle zu sehen, von denen ich schon so viel gehört habe.

Als ich dort unter dem majestätischen Storseterfossen stehe, fühle ich mich sehr klein.

ICH HABE EIN SO UNGLAUBLICHES GLÜCK, IN EINEM SO PRÄCHTIGEN LAND ZU EINEM ABENTEUER AUFBRECHEN ZU KÖNNEN, UND BIN FROH UND STOLZ ZUGLEICH.

Meine Großeltern mütterlicherseits, Vega und ich genießen gemeinsam eine Tagestour in das Gebiet rund um Geiranger.

28. JULI TAG 35

DER IDYLLISCHE FJORD

WENN SIE NUR WÜSSTEN, WIE WEIT SIE GELAUFEN IST UND WIE VIEL SIE GETRAGEN HAT.

Nach einem Besuch im Café Villa de Sving gehen wir an Bord der Fähre. Viele Passagiere kommen zu uns, um sich Vega anzuschauen. Einige Japaner stellen sich neben sie, um Fotos zu machen, und Vega legt sich gehorsam auf den Rücken und posiert mit den Beinen in die Luft. Einige haben ein wenig Angst vor ihr, während andere ihr vorsichtig über das gräuliche Fell tätscheln. Vega genießt die Aufmerksamkeit, und ich bin unglaublich stolz auf sie. Wenn sie nur wüssten, wie weit sie gelaufen ist und wie viel sie getragen hat.

Die Bootsfahrt erfüllt alle Erwartungen und vielleicht sogar noch ein bisschen mehr. Überall sehen wir Wasserfälle, die über die Felsen in die Tiefe stürzen. »Die sieben Schwestern« und die mittlerweile verlassenen Bergbauernhöfe bieten einen prachtvollen Anblick.

In Hellesylt angekommen, brechen Oma, Vega und ich zum Fivelstadhaugen auf. Die Kilometer verfliegen, und plötzlich kommt Opa in hohem Tempo auf Rollskiern angefahren. Er hat das Auto im Zielgebiet unseres Marsches abgestellt und nutzt die Gelegenheit für eine Trainingseinheit. Zudem hat er sich um die Übernachtung in einem Hotel gekümmert. Dort erwarten uns ein Badezuber und ein Abendessen, wie ich es noch nie gegessen habe. Drei Gänge: Blumenkohlsuppe nach Art des Hauses, Heilbutt und frisches Beeren-Dessert. Das Hotel ist alt. Jedes Zimmer ist einer bestimmten Zeit entsprechend eingerichtet. Vom Fenster aus haben wir Aussicht auf mächtige Berge sowie die morgige Route. Villa Norangdal ist vermutlich das schönste Hotel, das ich jemals besucht habe, und ich möchte ein großes Dankeschön an die Wirtin richten, die meinen ganzen Aufenthalt an diesem tollen Ort spendiert hat. Ich habe wirklich Glück, auf der Tour so vielen gastfreundlichen Menschen zu begegnen.

»Die sieben Schwestern« und der alte Bergbauernhof Knivsflå >

WAS FÜR EINE AUSSICHT DIESER LAGERPLATZ BIETET!

29. JULI TAG 36

TRAUMLAGER IN DEN SUNNMØRS-ALPENE

Als wir am nächsten Tag die Villa Norangdal verlassen, erfahren wir, dass im Gebirge mehrere Lawinen abgegangen sind. In den Sunnmørsalpene scheint die Sonne. Wir gehen in Shorts, und bald sind viele Höhenmeter überwunden. Ich habe rüstige Großeltern, und diejenige, die sich bergauf wirklich schwertut, bin ich. Meine Beine protestieren, wenn ich nur eine Steigung sehe, und ich bin eine Meisterin darin geworden, auf allen Vieren zu gehen. Leider hat auch das seine Nachteile, aber ich bin frohen Mutes.

Wir sind enorm zufrieden, als wir am für heute höchsten Punkt anlangen. Die Aussicht öffnet sich, und rundum erheben sich gewaltige Bergspitzen. Keine Menschen, keine Häuser oder Hütten, nur spektakuläre norwegische Natur. Einfach genial! Wir müssen innehalten, um den Augenblick wirklich in uns aufzunehmen.

Ich schaue den steilen Abhang hinunter. Am Fuß liegt ein bedrohlicher Steinhaufen, der anscheinend nur darauf wartet, dass ich einen falschen Schritt mache und herunterpurzle. Wir entscheiden uns, das Lager dort aufzuschlagen, wo wir sind, auf dem idyllischen Aussichtsplatz.

Was für einen Panoramablick dieser Lagerplatz bietet! Ich sitze inmitten der wilden Natur und fühle mich klein. Es weht kein Lüftchen, und die Abendsonne färbt den Himmel orange und dunkellila. Die Gipfel spiegeln sich in den kleinen Wasserpfützen. Das ist vollkommen magisch und ein perfekter Abschluss für den letzten gemeinsamen Abend mit Oma und Opa.

< *Kvitegga, der höchste Berg der Sunnmørsalpene*

30. JULI TAG 37

EIN WAHRER ALBTRAUM

Was das Terrain betrifft, liegt eine brutale Etappe vor mir. Daher ist es eine Erleichterung, als Opa anbietet, mich ein Stück zu begleiten. Er setzt sich meinen Rucksack auf und begibt sich auf Klettertour den steilen Abhang hinunter. Etwas weiter unten liegt Schnee. Ich halte Vega fest am Halsband, damit sie nicht ins Rutschen kommt.

Im Schnee angekommen, beginnt der Spaß. Ich lasse Vegas Packtaschen den Abhang hinuntersausen. Vega folgt ihnen, völlig unkontrolliert, die Beine in alle Richtungen gestreckt. Das ist ein Anblick! Ich stürze hinterher. Das geht so irre schnell, der Schnee reißt meine nackten Beine auf. Ich kann nicht stoppen, völlig planlos drehe ich mich und rutsche mit dem Rücken zuerst in vollem Tempo bergab. Verdammt, was für ein Vergnügen!

Wir gehen weiter. Bald stehen wir vor dem nächsten Abhang, und im Vergleich dazu war der vorhergehende armselig. Riesige Felsblöcke und Gestrüpp bedecken den gesamten Höhenzug, und unten am Fuß befindet sich der Tyssevatnet. Wir bewegen uns langsam fort.

Opa voran. Mehrere Steine sind locker, und ich muss vorsichtig sein. Vega hingegen ist es nicht. Kleine Steine lösen sich unter ihren Pfoten und kullern in hohem Tempo bergab, direkt an Opa vorbei.

Am schlimmsten ist es, wenn die Steine glatt sind. Ich klammere mich an ein paar Zweigen fest und fühle mich wie Bambi auf dem Eis. Plötzlich verliert Opa den Halt. Er fällt auf den Rücken und rutscht nach unten. Nach einigen Metern findet er Halt und bleibt liegen, glücklicherweise unverletzt, lediglich mit schlammigem Rucksack und leicht erhöhtem Puls. Er nimmt es mit einem Lächeln.

Nach viel Mühe und Zeit kommen wir sicher hinunter zum See. Opa begleitet mich ein Stück am Ufer entlang, muss dann aber umkehren. Wir sind uns ziemlich sicher, dass ich das Schlimmste hinter mir habe, weshalb ich guten Mutes bin, als er sich verabschiedet.

Ich umrunde die nächste Biegung und schiele den Weg bis zum Ende des Binnensees entlang. Der See ist aufgestaut, und ein Stück entfernt warten glattpolierte Felsen

> ICH ÖFFNE DIE WUNDEN HÄNDE, SIE SIND ROT VOR BLUT. NIE ZUVOR WAR ES SO ENG. ZUM ERSTEN MAL VERFLUCHE ICH DIE GESAMTE EXPEDITION. SO ETWAS DARF NIE WIEDER PASSIEREN, NIE WIEDER!

und Unmengen an losem Schotter, Sand und Felsblöcken auf uns. Das wird Zeit kosten, Angst aber habe ich nicht. Ich mache einen Schritt nach dem anderen, jeder Meter ist eine Herausforderung. Der Stausee ist fast voll. Linker Hand befindet sich die bedrohliche, schwarze Tiefe. Rechter Hand ragt senkrecht eine Felswand empor. Ich fühle mich eingesperrt, ohne Möglichkeit, den riesigen Steinen zu entkommen. Wir klettern darunter hindurch und darüber hinweg, balancieren an der Uferzone entlang. Vegas Packtasche verkeilt sich ständig, und ihre Pfoten rutschen auf dem harten Untergrund. Irgendwann einmal war der See sicher idyllisch, jetzt aber sieht er traurig aus. Ist es wirklich nötig, so prächtige Natur zu zerstören? Kann man nicht andere Möglichkeiten zur Stromerzeugung finden? Immer größere Teile der norwegischen Natur werden verwüstet, verunreinigt oder verschmutzt. Die Gebirgslandschaft hat für viele Norweger eine große Bedeutung, und wir müssen besser auf unsere Naturperlen achtgeben. Wird ein Ort wie dieser einmal zerstört, ist er nie mehr derselbe.

Während ich so grübele, passiert das, was nie passieren darf. Ich trete unter einen großen Felsblock, und die lose Unterlage, die ihn an Ort und Stelle gehalten hat, kommt ins Rutschen, der Stein setzt sich in Bewegung. Ich strecke die Hände aus, um ihn zu stoppen, spüre aber, wie er sich gegen meinen Körper presst. Er ist viel zu groß und schwer. Er schiebt mich weiter an den Rand des Sees heran, der sich bedrohlich nah direkt hinter mir befindet. Mir wird klar, was passieren wird, dass er mich überrollen oder mich mit in die schwarze Tiefe ziehen wird. In Panik schreie ich Vega an, die bewegungslos am Ufer steht. Ich muss schimpfen, damit sie sich bewegt, gleichzeitig drückt der Stein gegen meinen Körper. Verzweifelt und in Todesangst drücke ich mit aller Kraft dagegen, einer Kraft, von der ich nicht wusste, dass ich sie habe. Dann werfe ich mich zur Seite und warte auf das platschende Geräusch, wenn der enorme Stein auf die Wasseroberfläche trifft. Es kommt nicht. Mit dem Gesicht auf dem Boden bleibe ich liegen, die Tränen fließen in Strömen. Auf unfassbare Weise ging es gut, aber ich zittere noch immer haltlos. Als ich mich aufsetze, rinnt mir der Schlamm über das Gesicht. Ich öffne die wunden Hände, sie sind rot vor Blut. Nie zuvor war es so eng. Zum ersten Mal verfluche ich die gesamte Expedition. So etwas darf nie wieder passieren, nie wieder!

Schließlich sehe ich ein, dass ich aufstehen und zum Ende des Sees kommen muss. Es ist nur noch ein kleines Stück, aber ich habe entsetzliche Angst. Die Tränen machen mich blind, bestimmt versiegen sie nie. Torkelnd und verwirrt schaffe ich es, in Sicherheit zu kommen. Innerlich fühle ich mich vollkommen kaputt.

Um weitermachen zu können, musste ich dieses Ereignis hinter mir lassen. Es hat etwas gedauert, aber letztendlich habe ich den Rest der Tagesetappe geschafft. Wenn ich an das Geschehene zurückdenke, begreife ich, wie idiotisch es war, dort entlangzugehen.

Jetzt bin ich glücklicherweise in Sicherheit und durfte das Zelt auf einer privaten Wiese aufschlagen, drei Meter vom Meer entfernt. Ich habe zwei Makrelen aus dem Wasser gezogen, gebraten und verspeist. Ein Regenbogen leuchtet jetzt auf die Gegend herab, in der ich meinen schlimmsten Albtraum erlebt habe. In den letzten Stunden haben mich heftige Weinkrämpfe heimgesucht. Dieses Erlebnis werde ich niemals vergessen.

31. JULI TAG 38

RØMMEGRØT UND VOLKSMUSIK

Die Füße stampfen über den Asphalt. Es ist steil, wie es das häufig ist, wenn man hier im Vestlandet vom Fjord ins Gebirge wandert. Heute bin ich genau um zehn Uhr aufgebrochen. Den gestrigen Tag habe ich hinter mir gelassen. Die Tränen sind getrocknet.

Ich biege auf einen kleinen Schotterweg ab. Laut Karte endet der Weg bald, und das letzte Stück über das Gebirge muss ich einem Pfad folgen. In der Ferne höre ich Stimmen und frage mich, warum hier oben so viele Menschen sind. Als ich die nächste Biegung umrunde, erblicke ich ein Festzelt, lange Tische und eine Unmenge an Leuten. Ich bin mitten in ein Naturfestival hineingeplatzt! Viele Sunnmøringer haben sich eingefunden, und eine Dame kommt mit herrlichem Rømmegrøt auf mich zu. Ich lege den Rucksack beiseite und leine Vega an. Viele der Anwesenden haben vermutlich von meiner Tour gehört, und während ich die gute Stimmung mit der Videokamera einfange, kommt ein Journalist der Sunnmørsposten auf mich zu. Das Gebirge ist wie immer voller Überraschungen!

Nach dieser Unterbrechung des gewohnten Touralltags folge ich dem Pfad weiter in die Höhe hinauf. Ein Adler schwebt über mir, elegant segelt er dahin und spielt mit dem Wind. Die Landschaft ist grün und üppig, der Pfad wenig benutzt. Leider sind es nur wenige Kilometer, bis ich wieder auf Schotter komme.

Langsam wird es Zeit für eine ausgedehnte Essenspause. Ich spaziere ein bisschen umher und finde die ersten Pfifferlinge des Jahres. Das ist großartig, jetzt kann ich zum Abendessen direkt aus der Natur ernten. Ich nehme mir ausreichend Zeit, schließlich ist das erste Pilzesammeln des Jahres etwas ganz Besonderes. Es macht mich glücklich. Ich überlege, ob ich das Zelt in der Nähe aufschlagen soll, finde es aber etwas ärgerlich zu verweilen, jetzt, wo ich ausnahmsweise mal einen riesigen Energieüberschuss habe. Die Beine haben sich den ganzen Tag über geradezu automatisch fortbewegt, und ich beschließe, den endlosen Weg hinunter ins Dorf anzugehen.

Zwölf Stunden später habe ich zwei Tagesetappen zurückgelegt. Ich befinde mich auf einem gigantischen Parkplatz, direkt bei einer Alpinanlage. Es war nicht gerade der Plan, hier zu landen, aber als ich ankomme, bringe ich nicht die Kraft auf, auch nur noch einen Meter weiterzugehen. Das Zelt steht auf grobem Schotter, und die Stelle bekommt eindeutig den Preis für den bisher hässlichsten Rastplatz.

Ich weiß nicht, warum, aber gerade jetzt verspüre ich einen Anflug von Furcht. Vielleicht liegt es an dem leeren Gebäude, das hinter meinem Zelt steht, an ihm und der Dunkelheit. Vor nichts habe ich so eine Angst wie vor unbewohnten Häusern und Hütten, sie haben etwas Unheimliches. Ich höre, wie Regentropfen auf der Zeltplane landen. Vega durfte ins Vorzelt kommen. Erst gestern Abend habe ich Unmengen an Zecken aus ihrem Fell gezogen und kann sie nicht direkt neben mir haben. Überall wimmelt es von Zecken. An mir selbst habe ich noch immer keine entdeckt, Gott sei Dank.

‹ *Der hässlichste Lagerplatz aller Zeiten, aber für eine Nacht geht's.*

SAMMELN

TEE AUS FICHTE, BIRKE UND LÖWENZAHN

Wenn ich unterwegs bin, nutze ich gern, was die Natur bietet. Das ist gesund, und es ist schön, die Nahrung selbst zu sammeln. Ich koche oft Tee aus Fichtennadeln, Birken-, Löwenzahn- oder Brennnesselblättern. Den besten Tee bekommt man im Frühjahr, wenn man frische Triebe und Blätter verwenden kann. Fichtennadeln kann man das ganze Jahr über verwenden.

Die Zubereitung ist einfach. Bring Wasser zum Kochen, lass die Nadeln oder Blätter einige Minuten lang darin ziehen und gieße das Wasser anschließend durch ein kleines Sieb. Wer es süß mag, kann Honig oder Zucker hinzugeben.

PILZE

Pilze sind ein fantastisches Naturprodukt. Sie eignen sich hervorragend als Beilage zu Steak oder Fisch. Die meisten Pilze gibt es im Spätsommer und im Herbst, einige Sorten findet man bereits Anfang des Sommers. Pfifferlinge, Trompetenpfifferlinge, Steinpilze, Stoppelpilze und Reizker sind sehr gute Sorten, um nur einige zu nennen. Der Stoppelpilz gehört zu den sichersten Sorten, weil er leicht von giftigen zu unterscheiden ist. Er ist hell, klumpig und hat kleine Stacheln unter dem Hut.

Das Wichtigste ist, essbare nicht mit giftigen Pilzen zu verwechseln. Der Genuss einiger Pilze ist tödlich. Ein Pilzbuch ist hilfreich, aber auch nicht hundertprozentig sicher. Die beste Variante, etwas über Pilze zu lernen, ist, einen erfahrenen Pilzsammler zu begleiten. Eine andere Möglichkeit ist, die gesammelten Pilze von einem örtlichen Pilzfachmann prüfen zu lassen.

Tüten für Essensreste und Körbe eignen sich gut zur Aufbewahrung von Pilzen. Da Pilze Luft brauchen, sind Plastiktüten und -boxen zur Aufbewahrung ungeeignet. Zum Sortieren empfiehlt es sich, mehrere Tüten mitzunehmen. Da kann man die Pilze, von denen man weiß, dass sie essbar sind, in eine Tüte legen und die, bei denen man sich unsicher ist, in eine Extratüte. Bewahrt man giftige und essbare Pilze zusammen auf, sind alle Pilze unbrauchbar, weil sich das Gift überträgt. Deswegen ist es auch wichtig sich die Hände zu waschen, wenn man einen Pilz angefasst hat, der giftig sein könnte.

Ein Messer ist ein wichtiges Werkzeug bei der Pilzsuche. Es erleichtert das Sammeln, zudem kann man den Pilz quer durchschneiden, um zu prüfen, ob er wurmstichig ist.

Nach dem Sammeln müssen die Pilze gesäubert und blanchiert werden. Als erstes muss man sie bürsten oder abwischen. Sie sollten nicht abgespült werden, dann nehmen sie zu viel Wasser auf und können einen Teil ihres Geschmacks verlieren. Schneide Unansehnliches weg und den Pilz anschließend in Stücke. Gib die Pilze in eine Bratpfanne und rühre um, bis das Wasser verdampft ist. Dann können die Pilze in Behälter gefüllt und eingefroren oder nach Zugabe von Butter, Salz und Pfeffer sofort verzehrt werden. Für eine Pilzsauce kann man zum Beispiel Crème Fraiche hinzugeben.

BEEREN

In Norwegen gibt es viele verschiedene Beerenarten. Einige sind giftig, andere sind essbar. Die ersten Beeren des Jahres können meist Anfang Juni geerntet werden, die letzten bis zum ersten Frost. Walderdbeeren, Himbeeren, Blaubeeren, Moltebeeren, Preiselbeeren und Wacholderbeeren gehören zu den häufigsten Arten. Wacholderbeeren können als Gewürz verwendet werden, entweder frisch oder getrocknet. Sie passen perfekt zu Wildgerichten. Die anderen erwähnten Arten eignen sich gut zum direkten Verzehr oder zur Verwendung in Marmelade oder Konfitüre, wofür man sie reinigen und unter Zugabe von Zucker pürieren muss. Auf Sommerfahrten habe ich für gewöhnlich Zucker dabei für den Fall, dass ich in ein Gebiet mit vielen Beeren komme. Selbstgemachte Marmelade schmeckt nicht nur auf dem Knäckebrot oder im Haferbrei, sondern ist selbstverständlich auch ein perfektes Dessert.

1. AUGUST TAG 39

ENDLICH EIN LEBENSMITTELGESCHÄFT!

Heute zermalme ich Asphalt. Leider ist es wohl eher der Asphalt, der mich zermalmt, aber mir gefällt der Gedanke, es wäre andersherum. Plötzlich kommt eine der Frauen vom gestrigen Festival angefahren. Sie hält an und gibt mir die heutige Ausgabe der Sunnmørsposten. Wie nett. Ich nähere mich Volda und kann den Ort in der Ferne bereits ausmachen. Wir trotten weiter über den Zebrastreifen, und kurz bevor wir da sind, kommt ein Mann auf mich zu. Er will mir unbedingt eine Statue zeigen. Ich bin etwas skeptisch, entschließe mich aber trotzdem, mitzugehen. Auf der Treppe vor seiner Haustür steht eine Skulptur seines verstorbenen Hundes. Er hieß Vobb, und es ist offensichtlich, dass er ihm viel bedeutet hat. Er gibt mir Limonade und Vega Wasser, während er von seinem Hund erzählt.

Ich spüre sofort, dass es etwas seltsam ist, durch die Straßen von Volda zu gehen. Die Leute drehen sich um und starren uns an, und das aus gutem Grund. Es ist vermutlich nicht alltäglich, dass ein verdrecktes Mädchen mit einem großen blauen Rucksack und einem kleinen Wolf durch Volda spaziert. Das kümmert mich wenig, mein Ziel ist, ein Lebensmittelgeschäft zu finden. In der Nähe von so etwas war ich nämlich seit Geiranger nicht mehr.

Ich habe gerade einen halben Tetrapack Kirschmilch geleert, als ein Auto vor dem Laden hält. Der Fahrer hat die Tour über meinen Blog verfolgt und weiß, dass ich von Zecken geplagt bin. Er gibt mir ein paar Mittel für Vegas Fell, wofür ich überaus dankbar bin. Mein Eindruck ist, dass die Westnorweger besonders hilfsbereite Menschen sind, was sich auch im weiteren Tagesverlauf zeigen soll.

Auf dem Campingplatz Leiteland treffe ich noch einen netten Kerl, der mir eine Gratisübernachtung anbietet. Mein Portemonnaie weiß das zu schätzen, ist es doch merklich dünner geworden. Als die Ausrüstung verstaut ist, geht es erneut zum Einkaufen: Pizza, Schokolade, Obst, Mineralwasser, Brot und Möhren, die ich mir mit Vega teilen werde, das hat sie sich verdient.

ES IST VERMUTLICH NICHT ALLTÄGLICH, DASS EIN VERDRECKTES MÄDCHEN MIT EINEM GROSSEN BLAUEN RUCKSACK UND EINEM KLEINEN WOLF DURCH DAS ZENTRUM VON VOLDA SPAZIERT.

2. AUGUST TAG 40

DER KÖRPER BRAUCHT RUHE

Ich stehe in der Postfiliale, um das Vorratspaket abzuholen, aber es ist nicht da. Es wurde nach Folkestad geschickt! Da wir aber in ein paar Tagen planmäßig dort sein werden, ist das keine so große Krise, das Problem ist nur, dass das Hundefutter komplett aufgebraucht ist.

Ich habe eingesehen, dass Vega und ich ein paar Tage Entspannung brauchen, um das letzte Stück zu schaffen. Seit wir gestern Abend angekommen sind, liegt Vega längelang da, und es scheint, als bäte sie mich, ausruhen zu dürfen. Ich könnte hier in Volda bleiben, würde aber gern an einen etwas ruhigeren Ort am Meer. Der Nachbarort Ørsta soll einen gemütlichen Campingplatz haben, und ich will dorthin aufbrechen. Als ich jedoch den Verkehr auf der Hauptstraße sehe, stehen mir die Haare zu Berge. Wir kehren um.

Während ich vor einem Geschäft sitze und überlege, was ich machen soll, kommt eine Frau auf mich zu. Sie kennt mich vom Fernsehen, fragt, ob ich Hilfe brauche, und bietet mir eine Mitfahrgelegenheit nach Ørsta an. Kann es sein, dass ich einen unsichtbaren Helfer dabeihabe? So ein Glück ist doch nicht zu fassen!

Auf dem Campingplatz fühle ich mich pudelwohl. Unweit gibt es zwei Lebensmittelgeschäfte, und direkt auf der anderen Straßenseite ist der Strand. Das Wetter ist großartig. Ich stelle mein winziges »Haus« zwischen all den Campingwagen auf und gehe wieder einmal einkaufen. Es lässt sich kaum beschreiben, wie gut es ist, wieder normales Essen zu haben. Vega bekommt gebratenes Forellenfilet, während ich mich für Lasagne, Obst und Mineralwasser entscheide. Tipptopp!

Ich bin so satt, dass ich den kurzen Weg zum Strand beinahe rolle, um mir den fantastischen Sonnenuntergang nicht entgehen zu lassen. Dort draußen erkenne ich schwach zwei Delfine; die habe ich noch nie gesehen. Sie sind wirklich toll. Es ist zudem das erste Mal, dass Vega mit zum Salzwasser kommt, und es macht ihr unheimlich

> SEIT WIR GESTERN ABEND ANGEKOMMEN SIND, LIEGT VEGA LÄNGELANG DA, UND ES SCHEINT, ALS BÄTE SIE MICH, AUSRUHEN ZU DÜRFEN.

Am Strand von Ørsta genießt Vega den Sonnenuntergang.

Spaß, wenn die Wellen an Land spülen. Mehrfach steckt sie ihre Zunge in das salzige Nass, und sie versteht wohl nicht ganz, warum es so grässlich schmeckt. Sie niest so heftig, dass der Sand wegspritzt.

Wir werden jetzt ein paar Tage hier am Meer bleiben, bevor wir nach Volda zurückkehren, um unsere Tour fortzusetzen. Ich glaube es ist gut, ein paar Rasttage zu haben, vielleicht ist es sogar entscheidend, damit wir den Rest schaffen.

NACH EINUNDVIERZIG TAGEN HABE ICH KEINEN ZWEIFEL: DAS IST DEFINITIV ETWAS, WAS ICH AUCH IN ZUKUNFT MACHEN MÖCHTE.

Aussicht auf den Saudehornet in Ørsta

3. AUGUST TAG 41

BAD IM MEER

DIE EISKALTEN TAGE IM DOVREFJELL SIND GESCHICHTE, IM VESTLANDET REGIEREN DER SOMMER UND DAS GLÜCKSGEFÜHL.

Als ich aufwache, scheint die Sonne und es ist warm. Die eiskalten Tage im Dovrefjell sind Geschichte, im Vestlandet regieren der Sommer und das Glücksgefühl. Ich bin hundemüde, die rauschenden Wellen überzeugen mich jedoch, dass ein Morgenbad Wunder bewirken wird. Das Meer erinnert mich an Familienurlaube in Griechenland. Ich habe in der Tat mit meiner Familie gesprochen und gefragt, ob wir nicht eine Reise in den Süden machen können, wenn ich zurück bin. In der Regel fahren wir jeden Sommer nach Griechenland, dieser Sommer ist jedoch etwas vollkommen anderes. Trotzdem würde ich *Quer durch Norwegen* nie gegen faule Ferientagen im Süden eintauschen wollen. Das faule Leben am Strand ist mit dem hier nicht zu vergleichen.

Im Vergleich zu den eiskalten Flüssen, ist das Wasser in Strandnähe überraschend angenehm temperiert. Es macht richtig Spaß zu baden! Außerdem bin ich sicher, dass ein Bad im Salzwasser gut für den Körper ist.

Heute hatte ich Zeit, meine Gedanken zu ordnen. Jetzt, wo das Vestkapp nur wenige Tagesmärsche entfernt ist, schwirrt mir viel durch den Kopf. Bevor ich zu dieser Tour aufgebrochen bin, bestand mein Ziel eigentlich nur darin, es auszuprobieren; ich hatte keine Ahnung, ob ich das mit meinen irritierenden Ängsten schaffen würde. Ich war schon auf vielen Touren, bei denen ich abends wieder nach Hause gegangen bin, weil ich Angst bekommen hatte. Im Laufe dieser Tour wollte ich herausfinden, ob ich mich unterwegs wirklich wohlfühle. Und nach einundvierzig Tagen habe ich keinen Zweifel: Das ist definitiv etwas, was ich auch in Zukunft machen möchte.

4. AUGUST TAG 42

RUHEMODUS

Muskeln und Sehnen befinden sich im Ruhemodus, hingegen hat sich die Schreiblust gemeldet. Ich sitze im Zelt und schreibe einen Beitrag für den Blog sowie ein paar Worte ins Tagebuch. Der Körper hat sich noch nicht wieder richtig erholt. Mir ist vermutlich noch immer nicht ganz bewusst, wie viele Kilometer ich zurückgelegt habe. Ich erinnere mich an die Abende, als ich vor dem Fernseher saß und auf NRK Lars Monsen zugeschaut habe. Er ist immer ein großes Vorbild gewesen. Trotzdem war ich mir damals sicher, dass ich nie tollkühn genug sein würde, um solche Touren und Herausforderungen zu meistern. Es endete schließlich damit, dass ich den Traum ad acta legte; mir fehlte der Glaube an mich selbst. Der Sprung von dort bis hierher war meiner Meinung nach viel zu groß. Aber ich lag falsch. Wenn man etwas wirklich will, dann schafft man es. Man muss nur an sich glauben und es wagen, sich den Herausforderungen stellen.

Im Campingwagen nebenan wohnen drei süße kleine Trolle. Sie lieben Vega, die bereitwillig mit sich kuscheln lässt. Die Kinder erinnern mich an meine jüngeren Schwestern und Cousins, und ich spüre, dass ich sie vermisse. Ich bin jetzt bereit, das letzte Stück zum Vestkapp in Angriff zu nehmen, morgen geht's zurück nach Volda. Papa hatte beruflich in der Gegend zu tun und wird mich zwei Tage begleiten. Darauf freue ich mich.

WENN MAN ETWAS WIRKLICH WILL, DANN SCHAFFT MAN ES. MAN MUSS NUR AN SICH GLAUBEN UND ES WAGEN, SICH DEN HERAUSFORDERUNGEN STELLEN.

5. AUGUST TAG 43

PAPA!

ENDLICH KOMMT PAPA ANSPAZIERT, ES IST EINE ERLEICHTERUNG, EIN BEKANNTES GESICHT ZU SEHEN. ICH HABE VIEL ZU ERZÄHLEN UND WEISS NICHT, WO ICH ANFANGEN SOLL.

Die Freundin eines Campingplatzmitarbeiters fährt mich freundlicherweise zurück nach Volda. Wie geplant, nehme ich die Fähre über den Fjord und gehe in Folkestad an Land. Es ist ein recht öder Ort, zumindest an einem Sonntagvormittag. Das Geschäft, in dem mein Vorratspaket liegt, ist leider geschlossen. Ich hänge ein paar nasse Sachen zum Trocknen über die Leitplanke. Man lernt, das zu nutzen, was man direkt vor sich hat; zudem muss natürlich die Sonne ausgenutzt werden.

Ein paar Stunden später kommt Papa anspaziert. Es ist eine Erleichterung, ein bekanntes Gesicht zu sehen. Ich habe viel zu erzählen und weiß nicht, wo ich anfangen soll.

Erneut landen wir in Leiteland. Papa hilft mir, die weitere Route einzuzeichnen. Trotzdem gelingt es mir in diesem Moment nicht, mich voll und ganz darauf zu konzentrieren, da meine Gedanken an einem ganz anderen Ort sind. In Oslo ist ein sechzehnjähriges Mädchen verschwunden, und die Nachricht hat der Stimmung wirklich einen Dämpfer versetzt. Ich spüre, wie es mir kalt den Rücken herunterläuft, schließlich ist sie genauso alt wie ich. Das lässt mich an das fürchterliche Erlebnis an dem See zurückdenken, das hätte verdammt schiefgehen können. Ich musste an die Begegnung mit dem Deutschen in der Femundsmarka denken und an Papa, der meinte, es sei sicherer, mich diese Tour unternehmen zu lassen, als in den Sommerferien in den Straßen von Oslo herumzuhängen. Ich weiß nicht, was ich glauben soll, aber mir wird langsam bewusst, dass man hier auf der Welt wenig ohne Risiko tut. Ich hoffe wirklich, dass man das Mädchen findet.

Links der Dalsfjord, rechts der Voldsfjord

6. AUGUST TAG 44

MAKRELEN IM NORDWIND

Endlich kann ich den neuen Vorrat abholen. Ich nehme eine Tüte Hundefutter aus dem Paket und will am liebsten schreien. Larven! Ich verspüre Brechreiz. Krabbeln die auch in meinem Essen herum? Wir müssen alles herausnehmen und jede Portion genau prüfen. Die Vakuumverpackung der gefriergetrockneten Trekkingnahrung ist glücklicherweise unversehrt, ein sicheres Zeichen, dass mein Essen gut verwahrt ist. Auch der Großteil von Vegas Futter ist okay. Wir entsorgen die Portionen mit den ungebetenen Gästen, der Rest wandert in Vegas Packtasche.

Es ist eine Befreiung, wieder ins Gebirge zu kommen. Der Schweiß läuft mir den Rücken herunter, das Atmen fällt mir immer schwerer. Es ist in der Tat herrlich, das Gewicht des Rucksacks wieder auf den Schultern zu spüren, und mit jedem Höhenmeter öffnet sich die Aussicht ein Stück mehr. Zu beiden Seiten erstrecken sich Fjorde. Vor uns wachsen steile Berggipfel empor und präsentieren die Wildheit der westnorwegischen Natur. Plötzlich kommen auf dem Abhang auch wohlbekannte, orangefarbene Punkte zum Vorschein. Das Gold der Berge. Sie hängen dort an dünnen Stengeln und leuchten verlockend. Die Moltebeeren zerschmelzen auf der Zunge, und der süße Geschmack zaubert ein Lächeln auf mein Gesicht. Papa zieht zwei belegte Baguettes aus dem Rucksack. Essen mit Aussicht – lecker!

Wir ziehen die Schuhe aus und gehen barfuß auf der anderen Bergseite hinunter. Wir stolzieren durch das feuchte Moor, das Gras kitzelt unter den Füßen. In der Nähe gluckst ein kleiner Bach, und in dem glitzernden Wasser schwimmen kleine Forellenbabys. Blitzschnell bewegen sie sich von Vertiefung zu Vertiefung, problemlos gelangen sie durch jede Stromschnelle.

Als wir schließlich auf die Straße hinunterkommen, beginnt der Ernst. Der verflixte Asphalt droht erneut, meine Beine zu zermalmen. Jeder Schritt jagt mir Schmerzen durch Füße und Beine, und mit jedem Kilometer wird es schlimmer. Gleichzeitig nimmt der Nordwind zu. Die Sonne verschwindet hinter einer Wolkendecke, aber Papa ist bei mir.

Es fühlt sich an, als seien wir eine Ewigkeit gelaufen, als das Ende schließlich in Sicht kommt. Am Kai entlang stehen die Angeln in Reih und Glied, und an mehreren von ihnen zuckt es. Ob das an dem kräftigen Wind oder an eifrigen Fischen liegt, weiß ich nicht.

Es ist toll, mit Angehörigen auf Tour zu sein; in ihrer Gesellschaft bekommt man leicht etwas Extraluxus. Dieser Abend ist keine Ausnahme. Wir mieten uns eine Fischerhütte direkt am Meer. Die Hütte ist gut mit Angelausrüstung ausgestattet, und es kribbelt in den Fingern, das Angelglück zu versuchen. Mein erster Wurf ist entsetzlich, weshalb ich zusammenzucke, als es an der Schnur ruckt. Ich zerre an der Angel, während der Fisch dort draußen im Meer hin und her zappelt. Er zerrt derart, dass ich ihn beinahe an Land schleudern muss. Verflucht, was für ein Vergnügen! Immer mehr beißen an, beinahe jeder zweite Versuch endet mit einem Fang. Papas breites Grinsen verrät mir, dass ich nicht die einzige bin, die das unglaublich spaßig findet. Keiner von uns hat sonderlich viel Erfahrung mit Meeresangeln, und deshalb sind wir es nicht gewohnt, in so kurzer Zeit so viel Fisch zu fangen.

Papa zaubert zum Abendessen ein herrliches Makrelengericht. Wir speisen zum Klang von heulendem Wind und rauschenden Wellen.

Der Asphalt ist auf Wanderungen mein schlimmster Feind: sowohl wegen des Verkehrs als auch wegen des Untergrunds, der für meine Beine fürchterlich hart ist. Hier am Dalsfjord.

Über das Gebirge von Folkestad nach Dalsbygda

GEFRIERGETROCKNETE TREKKINGNAHRUNG

TROCKNEN

Das Trocknen von Lebensmitteln vor Tourbeginn hat viele Vorteile. So kann man Volumen und Gewicht vermindern und hat gleichzeitig nahrhaftes, gutes Essen. Das Trocknen entzieht den Lebensmitteln vollständig das Wasser, zudem verlängert es ihre Haltbarkeit. Das Trocknen kann im Backofen oder in Spezialgeräten erfolgen. Bevor ich zu *Quer durch Norwegen* aufgebrochen bin, habe ich viele Tage darauf verwendet, den Proviant vorzubereiten.

VAKUUMVERPACKUNG

Das Vakuumverpacken von Lebensmitteln erfordert ein spezielles Gerät, das die gesamte Luft aus der Spezialtüte saugt, in die das Essen gelegt wurde. So wird der Inhalt komprimiert und das Volumen verringert. Das Essen wird luftdicht verpackt und hält länger. Getrocknetes, vakuumverpacktes Essen ist viele Wochen haltbar, was für lange Touren ein klarer Vorteil ist.

REZEPTE

Da der Trocknungsprozess viel Zeit in Anspruch nimmt, empfiehlt es sich, mit einem Mal gleich mehrere Portionen zuzubereiten. Bei Fleisch, das sich auf Tour sehr gut als Snack eignet, spart man durch das Trocknen viel Gewicht. Ist das Essen getrocknet, kann es gut getrennt voneinander vakuumverpackt werden, oder man bereitet fertige Mahlzeiten zu, denen unterwegs nur Wasser zugefügt werden muss. Anbei zwei Rezepte, die sich unterwegs einfach zubereiten lassen. Die Menge

musst du entsprechend deinen Essgewohnheiten berechnen. Da es bei getrocknetem Essen etwas schwierig ist, die Portionen zu berechnen, empfiehlt es sich, alles ein wenig auszutesten.

HAFERBREI

Zutaten

- einige getrocknete Bananenscheiben
- schnellkochende Haferflocken
- Zimt
- Milchpulver
- Butter
- Wasser
- evtl Brunost (norwegischer Braunkäse)

Zubereitung

- Die trockenen Zutaten in einer Tüte vermischen. Vakuumverpacken oder in einen gut verschließbaren Gefrierbeutel geben.
- Für den Verzehr wird der Mischung warmes Wasser hinzugefügt, bis der Brei dick genug ist.
- Butter hinzufügen. Du kannst den Haferbrei auch direkt aus dem Beutel essen. Als Topping eignet sich Brunost.

RENTIERGYROS

Zutaten

- kleine Stücke Rentierfleisch
- Mais, Möhren, Zwiebeln
- Pilze
- Minutenreis
- Kartoffelmehl
- Weizenkleie
- Milchpulver
- Salz und Pfeffer
- Wildkräuter (Wacholderbeeren, Thymian, Oregano)
- Butter
- Wasser

Zubereitung

- Das Fleisch in Butter anbraten.
- Das Gemüse kleinschneiden.
- Fleisch, Mais, Möhren, Zwiebeln und Pilze trocknen.
- Alle trockenen Zutaten in eine Tüte geben. Für die Vakuumverpackung benötigst du Spezialtüten, es eignen sich aber auch gut verschließbare Gefrierbeutel.
- Für den Verzehr wird der Mischung warmes Wasser hinzugefügt, bis das Gericht angemessen dick ist.
- Umrühren und etwa 5-10 Minuten ziehen lassen.
- Auf Wunsch etwas Butter hinzugeben und direkt aus der Tüte essen.

7. AUGUST TAG 45

EIN BREITES LÄCHELN

Zum ersten Mal auf dieser Tour lächle ich, als ich verlassen werde. Keine Tränen, kein Tief, nicht einmal ein Anflug negativer Gedanken. Ich fühle mich jetzt stark – stark genug, den Rest zu schaffen. Ich packe das! Ich erlaube mir zum ersten Mal, selbst daran zu glauben. Vega und ich schaffen das, wirklich, wir schaffen das! Ich bin froh, dass meine Beine mitspielen. Auch Vegas Pfoten bewegen sich problemlos. Sie lächelt mich an, ich sehe es in ihren Augen. Und ich erwidere das Lächeln. Wenn ich ihr nur sagen könnte, wie viel sie mir bedeutet. Sie ist bestimmt mit unsichtbaren Flügeln ausgestattet, zumindest ist sie mein kleiner Engel.

Wir biegen ab und landen in unwegsamem Gelände. Es gibt keinen Pfad, und der Nebel hat uns eingehüllt. Ich klettere einen steilen Abhang hinunter, kurz darauf falle ich auf einer Böschung ordentlich auf die Nase. Vega lacht bestimmt innerlich. Und auch ich kann nur lächeln: ein fantastisches Gefühl von Freiheit.

Draußen platscht der Regen herunter und schwarze Schnecken schlängeln sich die Zeltplane hinauf. Neben mir liegt eine halb verzehrte Tafel Schokolade. Ich bin satt, ich habe trockene Sachen und einen vierbeinigen Engel, der auf mich aufpasst. Es ist unglaublich, an was für seltsame Dinge ich unterwegs denke; in meinem Kopf herrscht dauernd Chaos. Heute dachte ich, dass es richtig für mich ist, so viel alleine unterwegs zu sein. Dadurch werde ich selbständiger, und auch wenn einige Tage heftig waren, so waren sie es, an denen ich das meiste gelernt habe. Zudem habe ich die Natur und echte Stille erlebt. Wenn man nicht die ganze Zeit mit jemandem redet, gibt man viel mehr acht auf das, was um einen herum passiert.

ICH BIN SATT, ICH HABE TROCKENE SACHEN UND EINEN VIERBEINIGEN ENGEL, DER AUF MICH AUFPASST.

GESCHÜTZT VOR WIND, WETTER
UND ANDEREN WIDRIGKEITEN
BEREITE ICH DAS FRÜHSTÜCK
DIREKT IM SCHLAFSACK ZU.

Ein neuer Tag beginnt wie üblich mit einer Tasse warmem Kakao.

8. AUGUST TAG 46

MEINE ERSTE BEGEGNUNG MIT STADLANDET

WIR SIND SO NAH, SO NAH. ICH WILL NICHT, DASS DAS ABENTEUER SCHON ZU ENDE IST!

Als ich aufwache, trommelt es leicht gegen die Zeltplane. Die feuchte Luft hat sich in Nebel verwandelt, und nach einer regenreichen Nacht liegt das Gras platt auf dem Boden.

Geschützt vor Wind, Wetter und anderen Widrigkeiten bereite ich das Frühstück direkt im Schlafsack zu. Mit einer großen Tasse Kakao, mit einem extra Löffel Milchpulver als Topping steht der guten Laune am Morgen nichts im Weg.

Während ich die Ausrüstung zusammenpacke, sorgen die Wettergötter für eine Gratisdusche. Vielleicht ist es besser so, schließlich sehe ich aus wie ein schmutziger Waldtroll. Sie waschen auch mein Zelt, der Regen ist heute gewiss mein Glück.

Den ganzen Tag über gießt es in Strömen, den ganzen Weg vom Gebirge bis hinunter in den Ort. Als ich ankomme, kann ich Haare und Kleidung auswringen. An einem Lebensmittelgeschäft hängt ein Plakat: Zimmer zu vermieten. Ich schaue zu dem durchnässten Fellknäuel neben mir, das mich mit erwartungsvollem Blick ansieht. Die Entscheidung ist leicht, mehr sage ich nicht.

Das Zelt hängt zum Trocknen in der Dusche, während ich die komplette elektronische Ausrüstung zum Aufladen bereitlege. Meine Sachen liegen überall verstreut, fast alles ist vollständig durchnässt. In solchen Fällen ist es praktisch, ins Trockene zu kommen, äußerst praktisch. Außerdem ist der Kühlschrank jetzt mit Lebensmitteln gefüllt, heute Abend gibt es keine gefriergetrocknete Trekkingnahrung.

Am Abend mache ich mit Vega einen Spaziergang; auf der anderen Seite des Fjords ist undeutlich Stadlandet zu sehen, der Ort, der seit fast fünfzig Tagen mein Ziel ist. Wir sind so nah, so nah. Ich will nicht, dass das Abenteuer schon zu Ende ist!

Stadhavet

9. AUGUST TAG 47

ZELTPLATZ AM STRAND

Heute kommt eine Lokomotive den Weg entlang gerasselt, so höre ich mich zumindest an. Der Rucksack quält mich bei jedem Schritt. Jeder Schritt verschlimmert die wundgeriebenen Stellen, aber die Laune ist gut, und sie wird nicht schlechter, als ich ein Schild mit der Aufschrift *Vestkapp* entdecke.

Es ist ein unbeschreibliches Gefühl, als ich aus dem Birkenwald herauskomme und sich das Meer vor meinen Augen auftut. Ich muss einen Augenblick innehalten, nur, um alles auf mich wirken zu lassen. Die schwedischen Wälder wirken so weit weg, so als handele es sich um eine ganz andere Tour. Eigentlich möchte ich weinen, sowohl vor Freude als auch aus Trauer: Freude darüber, dass ich es bald geschafft habe, und Trauer darüber, dass die Tour sich ihrem Ende nähert. Ich habe mit dem Regen geweint und mit der Sonne gelacht. Die Gedanken kamen und gingen, genauso wie der Wind, der mich aufsuchte und wieder verließ. Über einen so langen Zeitraum in der freien Natur zu sein, verleiht dem Wanderleben eine ganz neue Dimension. Man kommt in einen eigenen Rhythmus, der sich komplett von einem normalen Alltag unterscheidet: Es ist ein Leben in Freiheit.

Ich lasse mich am Ufer zwischen Steinen und Sand fallen. Vega spielt mit einer Muschel, leckt daran und umklammert sie. Ich sehe ihr an, dass sie erschöpft ist, aber bald kann sie sich richtig ausruhen.

Einige Stunden später stehe ich in Selje am Strand und genieße die Aussicht. Ich komme mit einer jungen Frau ins Gespräch, Monica. Sie zeigt mir einen schönen Platz, wo ich das Zelt aufschlagen kann, eine Wiese ganz nah am Strand. Sie bietet mir auch Süßwasser an, und dass sie meine Sachen waschen könne. Sie fragt, ob ich bei dem schlechten Wetter drinnen schlafen möchte, aber ich lehne dankend ab. Ich habe noch nie an einem Strand gezeltet; diese Chance kann ich mir einfach nicht entgehen lassen.

Je näher der Abend rückt, desto mehr klart es auf. Ich spiele mit Vega am Strand. Wir rennen um die Wette, planschen in den Wellen, albern herum und kabbeln uns aus Spaß. Vega findet die Wellen unheimlich und spannend zugleich. Sobald ihre Pfoten nass werden, springt sie in die Höhe. Seltsame, gute Vega.

Mama und Papa rufen häufig an und stellen viele merkwürdige Fragen. Schließlich lege ich auf, mehr Drängelei halte ich nicht aus. Morgen legen wir einen allerletzten Ruhetag ein, nur, um für den Endspurt gewappnet zu sein.

> ICH HABE MIT DEM REGEN GEWEINT UND MIT DER SONNE GELACHT. DIE GEDANKEN KAMEN UND GINGEN, GENAUSO WIE DER WIND, DER MICH AUFSUCHTE UND WIEDER VERLIESS.

10. AUGUST TAG 48

EINE GROSSE ÜBERRASCHUNG!

Am Morgen bekomme ich im Zelt Besuch. Eine Freundin von Monica bringt mir Frühstück: warmen Haferbrei, Saft, Rosinen und andere leckere Sachen. Zudem hat sie meine frisch gewaschenen Sachen dabei, das nenne ich Service! Nach dem Frühstück kann ich bei Monica duschen und die Karte studieren. Sie kennt die Berge gut und hilft mir bei der Planung der letzten Etappe bis zum Vestkapp. Vega wird mit Knäckebrot verwöhnt. Die vierbeinige Dame weiß wirklich, wie sie zurechtkommt!

Als wir draußen noch kurz miteinander reden, überquert eine Menschentraube die Straße. Als sie näher kommt, merke ich, dass mir irgendwas an ihnen bekannt vorkommt. Sie kommen auf das Haus zu. Plötzlich reiße ich die Augen weit auf. Das ist doch meine Familie! Meine Schwestern und Cousins, Mama, Papa und meine Tante. Ich traue meinen Augen nicht. Sie kommen auf mich zugerannt, und jeder will eine große Umarmung. Ich kann die Freudentränen nicht zurückhalten; es ist so fantastisch, sie wiederzusehen. Jetzt verstehe ich die vielen Telefonate gestern. Eine bessere Überraschung hätte man mir nicht bereiten können: Ich habe sie wirklich vermisst!

Sie wollen mit mir zum Meeresangeln, und ich lasse mich nicht lange bitten. In Reih und Glied stellen wir uns am Meer auf. Sobald der Köder auf dem Wasser landet, beißt einer an. Alle zehn Sekunden ertönt ein Freudenschrei. Wir ziehen einen Fisch nach dem anderen aus dem Wasser. Bald liegt ein ganzer Haufen auf den Steinen um uns herum, bereit gesäubert zu werden.

Auf dem Weg zum Camingplatz reden alle durcheinander. Sie haben zwei Hütten gemietet, und ich werde die Nacht natürlich mit ihnen dort verbringen. Als wir uns den Hütten nähern, sehe ich drei weitere Menschen, die uns zuwinken. Meine Großeltern mütterlicherseits und meine Oma väterlicherseits! Ich weiß wirklich nicht, ob ich träume oder wach bin; das ist zu schön, um wahr zu sein! Eilig suchen wir unsere Badesachen heraus, denn wir fünf Kinder wollen nur noch zum Strand und baden.

Später kommen noch vier Leute dazu! Mamas Freundinnen May Gunn und Marit und deren zwei Kinder, Mikkel und Margrethe. Auch sie wollen mich auf den letzten Tagen der Tour begleiten. Das wird ein toller Abend, wenn man sich vorstellt, dass sie das nur für mich organisiert haben! Ein weiteres Zeichen dafür, dass ich eine großartige Familie habe. Wir legen die Hütte mit Matratzen aus, meine Cousins, meine Schwestern und ich, wir legen uns in Reih und Glied ins Wohnzimmer. Das fünfblättrige Kleeblatt ist vollzählig. Ich lese ihnen noch etwas vor. Einen besseren Tag hätte ich hier in Selje nicht haben können.

Vestlandsidylle in Selje

DAS FÜNFBLÄTTRIGE KLEEBLATT IST VOLLZÄHLIG. EINEN BESSEREN TAG ALS DIESEN HÄTTE ICH HIER IN SELJE NICHT HABEN KÖNNEN.

»Das fünfblättrige Kleeblatt« hat das Angelglück auf seiner Seite.

11. AUGUST TAG 49

DAS FÜNFBLÄTTRIGE KLEEBLATT

Meine Tante und meine Mama begleiten mich heute. Stadlandet ist fantastisch und das Wetter großartig. Die gestrige Überraschung habe ich noch immer nicht ganz verdaut, so freue ich mich. Ohne so eine Familie wäre die Tour nicht dasselbe geworden, vielleicht wäre überhaupt nichts daraus geworden. Sie alle sind einfach wunderbar!

Vega ist jetzt wirklich ausgelaugt. Es war, als hätte gestern, als meine Familie kam, jemand einen Schalter umgelegt. Ich glaube, sie versteht, dass es bald nach Hause geht, vielleicht begreift sie, dass sie endlich jemand anderen auf mich aufpassen lassen kann. Die ganze Zeit über war sie die Mutige und Starke, heute aber mache ich mir fast Sorgen, wenn ich sie mir so ansehe. Wie es aussieht, wird Vega nicht mehr lange durchhalten, sie hat alles gegeben und ist erschöpft.

Am Nachmittag kommen wir nach Ervika, dem letzten Zeltplatz der Tour. Es ist lange her, dass das ganze fünfblättrige Kleeblatt zusammen auf Tour war, also meine Schwestern, meine Cousins und ich. Das sind Dina und Magnus mit ihren 9 Jahren, Jens mit 12, Anna mit 14 und ich mit 16. Und Vega natürlich, aber sie ist nicht Teil des Kleeblatts. Wir sind oft zusammen unterwegs. Ich habe die lustige Truppe wirklich vermisst. Wir baden in hohen Wellen, grillen auf dem Lagerfeuer Würstchen und singen Lieder. Langeweile kommt bei uns nicht auf. Draußen in der Natur haben wir immer Spaß, schließlich ist sie ein gigantischer Spielplatz. Mit dem Vestkapp erreiche ich morgen das Ziel. Mein größtes Ziel habe ich jedoch bereits erreicht, nämlich auf der Wanderung Freude zu haben.

Stadhavet – Sonne, Wärme und glitzerndes Wasser

Leikanger, Stadlandet

MIT DEM VESTKAPP ERREICHE ICH MORGEN DAS ZIEL.

12. AUGUST TAG 50

FREUDENSCHREI AM VESTKAPP!

Mit einer Geschichte werde ich dieses Tagebuch jetzt beenden. Sie handelt von einem wanderfreudigen Mädchen, das einst vor fast allem Angst hatte. Als kleines Kind traute es sich nicht, anderswo zu übernachten, nicht einmal bei Verwandten oder Freunden. Es war ein schüchternes Mädchen, das am liebsten bei Mama und Papa war. Sobald der Abend und die Dunkelheit näherrückten, machte sich das abscheuliche Gefühl namens Heimweh in ihm breit. Mit Worten ließ sich das Gefühl nicht beschreiben, aber es machte etwas mit dem Mädchen: Es bekam Angst. Jedes Mal endete es damit, dass seine Eltern kommen und es abholen mussten.

Das Mädchen hatte auch eine Heidenangst vor Hunden. Ein Schäferhund hatte einmal nach seinem Gesicht geschnappt, und seither vertraute es keinem Vierbeiner mehr. War es im Wald unterwegs, hatte es immer Angst, auf Hunde zu treffen; diese Angst war sein ständiger Begleiter. Es traute sich nicht, unter freiem Himmel zu schlafen, weil es dachte, ein Hund könnte es holen. Es fühlte sich nie ganz sicher, wenn es draußen alleine unterwegs war.

Das Mädchen hatte auch Angst vor der Dunkelheit. Die Tür zu seinem Zimmer musste nachts immer offen bleiben. Oft fand es keinen Schlaf, die Fantasie ging mit ihm durch und zog es in eine Welt voll von allen möglichen Unholden und unheimlichen Geschöpfen hinein. Jedes Mal, wenn es in dem alten Holzhaus knarrte, zuckte es zusammen und versteckte sich unter der Bettdecke. Auf Tour war die Nacht sein schlimmster Feind, es hasste die Dunkelheit.

Das Mädchen, von dem ich soeben berichtet habe, bin ich. Heute bin ich eine 16-Jährige, die quer durch Norwegen gewandert ist. Dank der Unterstützung einer herzensguten Hündin, toller Sponsoren und einer unglaublichen Familie habe ich das Vestkapp bei Sonnenschein, Nebel und mit einem Freudenschrei erreicht. Das Abenteuer, das mir unmöglich erschien, hat sich dennoch als möglich erwiesen. Es waren fünfzig fantastische Tage. Vega hat auf mich aufgepasst, und wir haben das gemeinsam geschafft. Hätte Vega die Tour abbrechen müssen, hätte auch ich sie nicht vollendet. Tausend Dank, Vega, du wirst immer einen großen Platz in meinem Herzen haben.

Jetzt werde ich nach Hause fahren und mich einer weiteren Herausforderung stellen. *Ich werde zum ersten Mal zu Hause alleine übernachten, obwohl ich so eine Angst vor leeren Häusern habe.*

‹ *Das Vestkapp*

JETZT WERDE ICH NACH HAUSE
FAHREN UND MICH EINER WEITEREN
HERAUSFORDERUNG STELLEN.
ICH WERDE ZUM ERSTEN MAL ZU
HAUSE ALLEINE ÜBERNACHTEN,
OBWOHL ICH SO EINE ANGST VOR
LEEREN HÄUSERN HABE.

TAUSEND DANK, VEGA,
DU WIRST IMMER EINEN GROSSEN PLATZ
IN MEINEM HERZEN HABEN.

FÜR MARIA

(Nach einem Gedicht von Henrik Ibsen *Vi vandrer med freidig mot*, leicht umgeschrieben)

Frohen Mutes wandertest du,
mit leichtem Gemüt und schnellem Schuh
In die Höhe – ins Gebirge hinauf
In die Tiefe – zum Wasserlauf
Zeigte der Weg sich auch gewagt
Bist du gewandert, geschwind und unverzagt.

Hier warst du in Gottes Natur
Wie der Bach wild in des Gebirges Uhr
Dann setztest du deine Reise fort
Während offen vor dir lag der Welt Pfort'
Und deshalb jetzt wie der Vogel frei
Rufst du hoch in die Wolken dein Juchhei.

Nun waren wir eine lustige Sippe
Folgten in Gedanken jedem Schritte
Erreicht hat das Mädel sein Ziel
In Armen und Beinen stabil
Und JAAA – mit Vega locker an der Leine
Auch im Nebeldunst niemals alleine

Am Vestkapp in Siegespose
Familie, Flagge und Champagner-Chose
Wir freuten uns über diesen Drang
das Mädel bewältigte auch den letzten Hang
Ja, der Nebel schwand für eine kurze Stund'
Ließ Sonne herab auf Führer und Hund.

Unwirklich, beinahe apart
Dass du mit Kompass und mit Kart'
Und Vega so treu an deiner Seite
Bist gewandert in dieser Weite
Von der Grenze im Osten zum Nachbarslande
Zur Grenze im Westen und jetzt Stadlande.

Ein Plan entworfen lag bereit
Und der Traum wurde Wirklichkeit
Die Unterstützung der Familie sie genoss
Die dachte, der kleine Spross
Ist Wildnismädel kurz und gut
Klar man das unterstützen tut.

Herzlichen Glückwunsch zum absolvierten
Marsch *Quer durch Norwegen*, Maria.

GRÜSSE, OMA

NACHWORT

Als ich das hier schreibe, ist fast ein Jahr vergangen, seit ich das Kanu im Käringsjön zu Wasser gelassen habe, bereit, mich auf den Weg *Quer durch Norwegen* zu begeben. Ich wusste nicht, worauf ich mich einließ und was mich wirklich erwartete. Ich hatte keine Erfahrung mit langen Touren, aber ich war fest entschlossen, die Herausforderung anzunehmen und es zu versuchen. Der Gedanke daran, fünfzig Tage unterwegs zu sein, war mir durchaus etwas unheimlich, machte mich aber auch unglaublich glücklich. Ich freute mich darauf, Tiere, die Natur, Ruhe und Freiheit zu erleben, das Gefühl, etwas zu schaffen und die Freude am Wandern zu genießen. Wie sich herausstellte, wurden daraus Sommerferien, die ich nie vergessen werde.

Wir leben in einer Welt, in der es wichtig ist, so schnell wie möglich von A nach B zu kommen. Für mich ist das Wichtigste, *unterwegs* zu sein. Bei *Quer durch Norwegen* waren es die Augenblicke zwischen Anfang und Ende, die wirklich etwas bedeuteten, und so sollte es meiner Meinung nach auch sonst im Leben sein. Es ist wichtig, seinen Träumen zu folgen, ganz gleich, ob es sich dabei um eine Tour oder etwas vollkommen anderes handelt. Für die Verwirklichung dieses Traums war ich auf die Hilfe meiner fantastischen Familie und guter Sponsoren angewiesen. Deshalb möchte ich mich ganz herzlich bedanken bei:

Mama, Papa und allen Angehörigen.

Fjällräven, Jon Arne Schjetne – Hauptsponsor, Skitt Fiske, Villmarksbutikken, Sølvkroken, Royal Canin, Lommekjent, Norsk Satellittelefon, Petzl, KBK Jakt og Fritid, Outnorth, Entinor AS, Stenimed AS.

Und zu guter Letzt bei Tone Bollerud und allen anderen vom Pantagruel forlag.

MARIA

MARIAS AUSRÜSTUNG

Das ist die Liste der Ausrüstung, die ich von Femund bis zum Vestkapp dabeihatte. In der Femundsmarka hatten wir mehr und schwerere Ausrüstung dabei, weil wir ein Kanu hatten und zu zweit waren, wenn es ums Tragen ging. Als Vega und ich alleine waren, musste ich einen Großteil des Gewichts einsparen, nachfolgend findest du die Liste über das, was ich letztendlich dabeihatte.

Als ich Funktionskleidung, Wolltrikot, Wollsocken, Unterwäsche, Stirnband und Bergstiefel anhatte, wog mein Rucksack etwa 16,5 Kilo, ohne Essen, Brennstoff und Joggingschuhe.

Vega trug den Brennstoff, die Hundeausrüstung und das Hundefutter. Zudem trug sie den Großteil meines Essens, und nachdem der Lebensmittelvorrat abnahm, packte ich einen Teil meiner Ausrüstung in ihre Packtaschen. Das zusätzliche Paar Schuhe trug sie die ganze Zeit über.

BEKLEIDUNG

Funktionsjacke, *Tierra Roc Blanc Jacket*
Funktionshose, *Tierra Roc Noir Pant*
Wolltrikot, *Janus Black Wool mit Kragen*
Wollleggings, *Janus Design Wool Longs*
Fleecepullover, *Fjällräven Tjäktjavagge*
Fleecehose, *Grub's*
T-Shirt aus Wolle, *Norheim*
T-Shirt aus Synthetik, *Carite sport*
Shorts, *Arena*
Sport-BH aus Wolle, *Devold*
Sport-BH aus Synthetik, *Lindex*
2 Wollslips, *Devold* und *Janus*
3 Slips aus Synthetik, *Cubus*
2 Paar Nylonstrümpfe, *Cubus*
2 Paar Wollsocken, *Ulvang*
Wollmütze, *Fjällräven*
Wollfäustlinge, *Norrøna*
Baumwollstirnband, *Fjällräven*
Wollschal, *Buff*
Bergstiefel, *Hanwag*
Joggingschuhe, *Nike*

FÜR DIE ÜBERNACHTUNG

Zelt, *Fjällräven Singi Lightweight*
2 m/14 Zeltpflöcke
Schlafsack, *Ajungilak Alpine 3-season 180 l*
Lakensack aus Seide, *Fjällräven*
Liegeunterlage, *Thermarest NeoAir*

ESSENZUBEREITUNG

Gaskocher, *Primus ExpressStove*
2 Gaskartuschen, *Primus PowerGas*
0,7 Liter Titankessel, *MSR*
Kleine Bratpfanne/Kesseldeckel, *MSR*
Kesselhalter, *MSR*
Tasse, *Akita*
Löffel mit Gabel auf der anderen Seite, *Primus*
Trinkflasche, *Nalgene 6,5 l*

HYGIENE

Haarbürste
2 Haargummis
Shampoo/Spülung
Zahnbürste
Zahnpasta
Lippenbalsam
Sonnencreme
Fußcreme
Rasierapparat
Nagelfeile
Binden, Tampons, Slipeinlagen
Toilettenpapierrollen
Handtuch
Sonnenbrille

KAMERAAUSRÜSTUNG

Spiegelreflexkamera mit Ladegerät, *Nikon D7000*
Objektiv, *AF-S DX Nikkor 18–105 mm f/3.5–5,6G ED VR*
Fernbedienung für die Spiegelreflexkamera, *Nikon*
Videokamera, *Sony HDR-PJ30VE*
Batterien für die Videokamera, 1 Stk. *NPFV100* und 4 Stk. *Np-FV50*
Actionkamera, *GoPro Hero mit Kameragehäuse*
5 Speicherkarten, 3 Stk. 32 GB und 3 Stk. 16 GB
Kamerastativ, *Induro Carbon CT 8X CT214 mit Induro Panoramakopf PHT2*

WEITERE ELEKTRONISCHE AUSRÜSTUNG

Solarzellenpanel, *Brunton Solaris 4 USB*
Powerbank mit USB, *Brunton Inspire*
GPS, *Garmin Oregon 450*
Stirnlampe, *Petzl Tikka XP 2*
Akkus und Ladegerät, 8 Stk. AA-Batterien und 4 Stk. AAA-Batterien
Satellitentelefon mit Ladegerät, *Iridium 9555*
iPad mit Ladegerät
Kartenleser für das iPad
Handy mit Ladegerät und extra Akku
USB-Übertragungskabel
USB-Steckdosenadapter

ERSTE HILFE

Zeckenpinzette
Pinzette
Sporttape
Blasenpflaster für die Fersen, *Compeed*
Blasenpflaster für die Zehen, *Compeed*
Blasen Stick, *Compeed*
10 schmerzstillende/fiebersenkende Tabletten, *Paracetamol*
4 Magentabletten, *Imodium*

10 Wundreinigungstücher
Wundsalbe, *Fucidin*
Pflaster
Mullbinden
Verband
Elastische Stützbandage
4 Leukostrips klein
3 Leukostrips groß
5 sterile Kompressen
2 Nähnadeln in unterschiedlicher Stärke
Faden, *auch verwendet: Angelschnur*
Kurze Erste-Hilfe-Anleitung

REPARATUR

2 Sicherheitsnadeln
10 Zentimeter Silbertape
2 Kabelbinder

DIVERSES

Messer
Feuerstahl
Streichhölzer
Übersichtskarte
Karte im Maßstab 1 : 50 000
Kompass, *Silva*
Notizbuch, Stift und Bleistift
Bargeld und Geldkarte
DNT-Schlüssel
Mitgliedskarte, *Den Norske Turistforeningen (DNT)*

ANGELAUSRÜSTUNG

Angel, *Daiwa Megaforce X*
Rolle, *Daiwa Crest 2000*
2 Schwimmer
Angelkasten
Kunstköder, Spinner, Wobbler
Haken, Senker, Wirbel
Dose mit Regenwürmern

AUFBEWAHRUNG DER AUSRÜSTUNG

Rucksack, *Fjällräven Kajka 90 Liter*
Regenüberzug für den Rucksack, *Fjällräven*
9 wasserdichte Packtaschen in unterschiedlichen Größen und Farben
1 wasserdichte Packtasche mit Kompressionsband, für den Schlafsack

HÄUFIG VERWENDETES ESSEN

Gefriergetrocknete Trekkingnahrung
Butter
Schokolade
Nüsse
Getrocknete Bananen
Knäckebrot
Leberwurst
Makrele in Tomate
Getrocknetes Fleisch
Kartoffelpüree
Milchpulver
Kakaopulver
Eisteepulver
Zucker

AUSRÜSTUNG FÜR DEN HUND

Leine
Halsband
Packtasche
Zusammenklappbarer Futternapf
6 Pfotensocken
Pfotensalbe
Trockenfutter
Energy booster
Kette